人間関係の理解と心理臨床

家庭・園・学校・施設・職場の
問題解決のために

【編著】
吉川晴美・松井知子

慶應義塾大学出版会

はじめに

　今日、家庭・学校・職場はもとより、幼稚園・保育園・施設などで、様々な人間関係の問題が山積し複雑化している。このようななか、私たちが人として、生きがいをもち、より幸せに、健康に生活していくためには、人間関係が特に重要な役割を果たすと考える。本書はこのことをまず明らかにすることを第一の目的とする。

　心理や教育の臨床に携わる者は、クライエント（来談者）や生徒が抱える様々な問題に臨むとき、悩む人に誠実に寄り添い、信頼的人間関係を築くこと、問題状況の解決・発展を促し、ひいては人としての生活の質を高め、生涯の発達の可能性を広げていくための対応・援助が求められる。このような高い専門性を発揮するには、問題の状況を深く洞察する力と様々な角度から多面的にとらえる視点、そして具体的に実現するための理論と方法と実践を学び、絶えず練磨していくことが必要とされる。

　そこで本書は、生活の現場において、個人や集団の抱える悩みや問題の解決に携わる方々、臨床心理士、教師、保育士、看護師などが専門職として求められる基本的な考え（理論）・方法（技法）・実践（事例）について著している。

　第1章のねらいは、人間関係とは何かを明らかにすることである。

　私たちは、状況における関係的存在である。関係学を創始した松村康平は「人は関係的存在である」と定義し、意識するにしろしないにしろ、誰でも、今ここの状況・場において、人とかかわり、物とかかわり、自己とかかわり、毎日生活しているとする。すなわち、私たちが抱える悩み・問題は、実際に今生活しているこの状況との関係において起こっているからである。

　第2章では、人間関係を生涯発達の視点から解説していく。

　人は誰でも、子どもとして親から生まれ、人生の初期には、特定の人（あるいは人たち）との極めて密接な身体的・心理的・社会的なかかわりのなかで生存が可能になり、それを基盤として、人としての高度で複雑な発達がなされていく。人生の諸時期における発達課題や問題を解決し、人生をより豊

かにしていくことはもちろんであるが、それに大きな影響を与えるものとして、各発達段階における人間関係の危機と課題をまず理解し、そこからかかわっていくことが重要だからである。

第3章と第4章では、実践・臨床経験の豊富な著者らが挙げた様々な事例から現場支援の実際と方法を学ぶことをねらいとしている。乳幼児健診、児童養護施設、小・中・高校・大学などの学校で起こる問題、電話相談での事例などであり、どれも臨床活動で実際に役立つように解説した。心理劇の手法を用いて問題の解決を導く事例が多いのは特色である。

特に第4章では、精神科クリニックにおける発達障害者への復職支援を取り上げた。発達障害、発達の著しい凹凸などをどうとらえ、そこから派生する心理的問題にどう対応・援助していくか、心理臨床においても大きな課題となっている。社会に出てから、人間関係の構築が難しく、生きにくさ・社会生活が困難になっているからである。

なお、本書に掲載したこれらの事例は、当然のことながら、事例の特性を保持しつつも個人が特定されないよう倫理的配慮のもとに改変を行っている。

最後の5章では、人間関係力アップの研修の方法を紹介する。日常生活の人間関係の問題を解決していく能力のアップのために、心理劇（サイコドラマ）、カウンセリング、リラクゼーション等による研鑽方法を示している。

本書が、心理臨床の専門職を目指す学生はもとより、心理・教育の現場ですでに活動している心理職者、さらには施設・園・学校などの指導者や保育者、教師などの日々の営みの一助になれば幸いである。

最後に、事例の掲載にあたり、ご協力いただいたたくさんの方々、そして、誠意をもって強力にご尽力とバックアップをいただいた慶應義塾大学出版会編集部・西岡利延子氏に深く感謝申し上げる。

2017年9月

吉川晴美

目　次

はじめに　iii

第1章　なぜ人間関係なのか

第1節　人間関係の意味と重要性 ……………………………………………… 2
　　　　⑴　人間関係とは何か　2
　　　　⑵　人間関係の意味　5
　　　　⑶　人間関係に関する先行研究　7
　　　　⑷　関係的存在としての私たち：人間関係の捉え方　10
　　　　⑸　人間関係と心理臨床　12

第2節　現代社会における人間関係から起こる諸問題
　　　　──健康づくりの視点から、発達段階における人間関係を考える ……… 15
　　　　⑴　発達段階（ライフステージ）と人間関係　15
　　　　⑵　健康づくりの視点からの発達段階と人間関係　19
　　　　⑶　生涯発達と発達課題について　20
　　　　⑷　マズローの欲求階層論　23

第2章　人間関係の発達と心理臨床

第1節　心理臨床の理論と方法 ………………………………………………… 28
　　　　⑴　心理臨床とは　28
　　　　⑵　心理臨床における問題の捉え方とかかわり方　28
　　　　⑶　各心理臨床の理論と方法の特色　30
　　　1　フロイトの精神分析　31
　　　　⑴　心的装置　31
　　　　⑵　リビドー発達論　33
　　　　⑶　マーラーの分離・個体化理論　33
　　　　⑷　精神分析的心理療法　35

2 ユングの分析心理学と心の構造　38
　　⑴ コンプレックスと元型　39
　　⑵ ユングのパーソナリティ理論　40
3 ロジャーズの人間性心理学　42
　　⑴ 中核三条件　43
　　⑵ 来談者中心療法（CCT）から人間中心療法（PCA）へ　45
4 行動療法および認知療法・認知行動療法　47
　　⑴ 行動療法　48
　　⑵ 認知療法・認知行動療法　53
5 関係状況療法　56
　　⑴ 関係学の視点と関係状況療法　56
　　⑵ 関係状況におけるかかわり構造　57
　　⑶ 三者関係的把握と展開について　60
　　⑷ 関係状況療法にかかわるセラピストとしての基本的要件　62
6 心理劇の特色と方法　65

第2節　人間関係の生涯発達　　68
　　⑴ 人間関係の発達とは　68
　　⑵ 人間関係の生涯発達の諸段階　69
1 胎児期の人間関係の発達　71
2 新生児期〜乳児期の人間関係の発達　72
　　⑴ 発達の基盤　72
　　⑵ 新生児期の人間関係の発達　73
　　⑶ 乳児期の人間関係の発達　73
3 幼児期の人間関係の発達　82
　　⑴ 幼児期前期（1〜3歳）の人間関係の発達　82
　　⑵ 幼児期前期から後期への転換期（2〜3歳）の人間関係の発達　84
　　⑶ 幼児期後期（4〜6歳）の人間関係の発達　85
4 学童期の人間関係の発達　87
　　⑴ 学童期の発達課題　87
　　⑵ 学童期の子どもの心理臨床的な問題と対応　88
　　⑶ 小学校における心理劇の展開：新学習指導要領から　91
5 青年期における人間関係の発達　95
　　⑴ 内部・外部生活環境とのかかわりとメンタル状況　95
　　⑵ 外部環境としての社会経済的状況　96
　　⑶ キャリア構築と人間関係　98

6　成人期における人間関係　100

　　⑴　労働・職場環境とのかかわりと人間関係　100

　　⑵　家庭における親子関係の役割変化　103

7　老年期（高齢期）における人間関係　105

　　⑴　老年期とは　105

　　⑵　超高齢社会　106

　　⑶　高齢者の生活満足感と人とのつながり　106

　　⑷　喪失とQOL　107

第3章　現場支援の事例に学ぶ

　　事例紹介にあたって　110

第1節　言葉の遅れに悩む母親──1歳6カ月児健診での事例　111

　　⑴　概要　111

　　⑵　アセスメント：見立てと方針　112

　　⑶　臨床活動の経過と内容：特色と効果　113

第2節　こだわりが強く発達障害かと悩む母親──3歳児健診での事例　116

　　⑴　概要　116

　　⑵　アセスメント：見立てと方針　116

　　⑶　臨床活動の経過と内容：特色と効果　118

　　⑷　考察（第1節・第2節）　119

第3節　不登校から自発的登校へ──小学生の事例　121

　　⑴　概要　121

　　⑵　アセスメント：見立てと方針　121

　　⑶　臨床活動の経過と内容：特色と効果　122

　　⑷　考察　124

第4節　児童養護施設で暮らす子の人間関係の再構築──中学生の事例　125

　　⑴　概要　125

　　⑵　アセスメント：見立てと方針　125

　　⑶　臨床活動の経過と内容：特色と効果　126

　　⑷　考察　130

第5節　「空気が読めない」生徒がいるクラス集団への対応──高校生の事例　132

　　⑴　概要　132

　　⑵　アセスメント：見立てと方針　132

　　⑶　臨床活動の経過と内容：特色と効果　133

　　⑷　考察　137

vii

第6節　娘の不登校問題を通して自らの生き方を問い直す母親——電話相談の事例　142
　　　⑴　概要　142
　　　⑵　アセスメント：見立てと方針　142
　　　⑶　臨床活動（電話相談）の経過と内容：特色と効果　142
　　　⑷　考察　144

第7節　アイデンティティ未確立の学生が自己回復へ——大学生の事例　146
　　　⑴　概要　146
　　　⑵　アセスメント：見立てと方針　146
　　　⑶　臨床活動の経過と内容：特色と効果　147
　　　⑷　考察　150

第8節　コミュニケーションスキル不足の若者の人間関係構築——新入社員の事例　152
　　　⑴　概要　152
　　　⑵　アセスメント：見立てと方針　152
　　　⑶　臨床活動の経過と内容：特色と効果　153
　　　⑷　考察　154

第9節　わが子とのかかわりに悩み、子育てを通して新たな役割モデルの獲得へ
　　　——被虐待体験をもつ母親の事例　157
　　　⑴　概要　157
　　　⑵　アセスメント：見立てと方針　158
　　　⑶　臨床活動の経過と内容：特色と効果　160
　　　⑷　考察　163

第4章　成人発達障害と人間関係形成

第1節　発達障害と医療リワーク（復職支援）　166
　　　⑴　発達障害者への医療リワークでの支援　167
　　　⑵　当院での支援　168

第2節　ASD者への医療リワークプログラム：MCP　173
　　　⑴　Mutual Communication Program（MCP）について　173
　　　⑵　MCPの事例　180
　　　⑶　MCPの効果と考察　183
　　　⑷　今後の課題　186

第3節　サイコドラマを用いたASD者の治療　189
　　　⑴　概要　189
　　　⑵　A氏が主役となったサイコドラマとその後の経過　190
　　　⑶　考察　193

第5章　人間関係力アップのための訓練・トレーニング方法

第1節　心理劇（行為法）を通して ———————————————— 200

1　心理劇の技法：基本　200
   - (1) ローリングテクニック（物媒介人間関係発展の技法）　201
   - (2) 集団状況における自己定位安定・役割取得行為促進の技法　202
   - (3) 3人一組の心理劇　203
   - (4) 補助自我による自己確立を促すエゴビルディングの技法　204
2　家族の問題・課題を解決する力を育む心理劇　206
   - (1) ウォーミングアップの心理劇「1、2、3の創作体操」　206
   - (2) 問題・課題を設定する　207
   - (3) 考察　209
3　「観技（状況関係認知）」の体験により、多様な観方・かかわり方に気づく　212
   - (1) 観技とは　212
   - (2) 考察　215

第2節　傾聴スキル、自己カウンセリング ———————————— 217

1　「傾聴スキル」のトレーニング　217
   - (1)「傾聴」とは何か　217
   - (2)「傾聴」の目的　218
   - (3)「傾聴」スキルのトレーニング：ロールプレイ　218
2　「自己カウンセリング」を応用したトレーニング　222
   - (1) Work 1「かけがえのない私」　222
   - (2) Work 2「自分会議」　224

第3節　臨床動作法、漸進性弛緩法 ———————————————— 226

   - (1) ストレスとは　226
   - (2) 臨床動作法　227
   - (3) 漸進性弛緩法　228

おわりに　230
キーワード索引　231
著者紹介　236

ix

第 1 章

なぜ人間関係なのか

第1節　人間関係の意味と重要性

(1) 人間関係とは何か

1）今日の人間関係の危機

　私たちは様々な人間関係のなかで生活しており、経験する人間関係のありようは、今日の私たちを取り巻く環境や社会からも大きな影響を受けている。

　特に発達途上にある子どもにおいて、生涯にわたり人格形成に中核的な役割を果たすのは人間関係である。子どもは身近な人との密接なかかわりを仲立ちとして、周囲の環境に働きかけ、自分と人と物との関係を、身体や感覚を通して体験、認識し成長する存在である。

　今日、子どもたちの周りには、手間暇かけずに簡単に使用できる便利な物があふれ、パソコン、スマホなどが駆使されるネット社会のなかで生活している。自己と便利な物との関係のみで完結できる機会が増え、リアルな人間関係を必要としない場面が増えている。周囲の親や大人世代においても、孤立化、閉塞化が進み、多様で柔軟な人間関係を結んでいくことが苦手な人が増えている。

　家庭（家族や夫婦、親子）、学校、園、施設（教師や保育者、子ども同士、保護者）、職場（上司、部下、同僚など）での人間関係において様々な問題（ストレス、ハラスメント、ＤＶ、引きこもり、不登校、虐待、いじめ、子育て不安など）が噴出しており、今すぐの対応が求められている。

　ここでは、様々な人間関係の本質や状況、様相の理解を深めるために、まず、身近な人間関係から考えていこう。

2）人間関係の捉え方

　すべての悩み、問題は、直接的間接的に何らかの人間関係が関係している
といえる。次の事例から考えてみよう。

〈事例１〉育児に悩む母親

　　　ある乳幼児健診の心理相談の場で、疲れきった様子の母親から次のよ
うな相談があった。

　「現在、３カ月児と２歳児の子どもを育てています。最近とても疲れて
いるのによく眠れず、朝起きると肩が異常にこっていて頭痛が治まらず、
疲労感、不安感が強いんです。病院に行って診てもらったら『あなたひ
とりで育児を頑張っていますね。ご主人には助けてもらっています
か？』と聞かれて、いつも仕事で忙しい夫にはいつのまにか育児を期待
せず、ひとりで歯を食いしばって頑張っている自分に気づき、涙が出て
きました。夜睡眠をとるときにも、心身ともにリラックスできないこと
が身体に症状として、表れてきたことが分かりました。医者には初期の
産後うつ病の兆候もあると言われました」

　　　この母親の関係状況（特に夫、子どもたちとの関係）、ひとりで頑張っ
ている母親の複雑な自己の状態（子どもを可愛いと思えない自責の念、よ
い母親像と現実の自分とのズレ、不安・怒り・焦り・孤独感などを含む）が
あり、とりあえず通院を続けるとともに、それと並行して、保健センター
での個別的な育児相談（カウンセリング）、子育て支援のための親子参
加の小グループでの活動が紹介された。

　あなたがこの〈事例１〉のような話を、知人から相談されたとき、どのよ
うに捉え、受けとめ、応答していくであろうか。話す人の傍らに座り、その
人の当惑したまなざし、息づかい、気持ち、声のトーンを感じつつ、話を傾
聴（第５章第２節１を参照）（相手の話を相手が感じたこととしてそのままに受け
とめながら話を聴くことを）し、相手の気持ちを察して頷いたり、一緒にどう

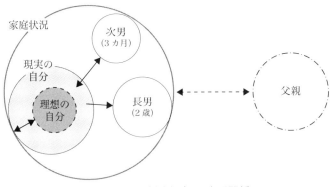

図1-1-1 〈事例1〉の人間関係

したらよいか考えたりして、少しでもその人の悩みを軽くしようと試みるであろうか。

　図1-1-1は、事例の人間関係の状況や様相を図形で表したものである。相手の話を聴く場合、その経過や内容についてより具体的に理解する方法として、具体的な場面をイメージし、そのかかわり合いを図に表現する方法がある。

　このように、ことばで表された出来事を視覚的に表現すると、全体的な関係状況を捉えやすい。事象にまつわる人間関係を捉えるときに、話の内容から捉えていく方法もあるが、まずはその具体的な場面から、人間関係の在り様を視覚的に表し、問題を多面的に捉え、感じ・気づくことから始めると、今ここから、先に向けての問題設定、明らかにしていきたい課題（テーマ）、解決への手がかりのひとつになるであろう。

演習1 「私の人間関係」を描く
　①A4かB4サイズ程度の白紙を用意する。
　②自分の日頃の人間関係を思い浮かべ、関係している人物を挙げてみる。例：母、父、妹、兄、大学の友達AとB、サークルの部長C、仲間DとE、アルバイト先の店長、先輩、仲間……など。

③自分自身また、自分が挙げた各々の人物について、折り紙、広告紙、切り抜き可能な雑誌、などを使い、A4〜B4判の用紙に収まる程度の大きさ、好きな形に切り抜く。
④白紙の用紙の中央に切り抜いた自分を置く。そこは固定し、自分とかかわる他の人物については、自分との関係を考慮しながら適当だと思われる場所に置き、また置きながら距離を調節し、相互の関係を線の太さ、➡などで表す。
⑤全体的に相互の関係を確認し、できたらノリで貼って固定し完成。
⑥完成した自分の人間関係の図（図1-1-2）から、現在の自分の人間関係について分析、考察する。
⑦さらに、「1年後の自分の人間関係」と題してつくり、未来の人間関係への発展、改善点、方法などを考えてもよい。

(2) 人間関係の意味

私たちが日常的に用いている「人間関係」という言葉の意味は何だろうか。

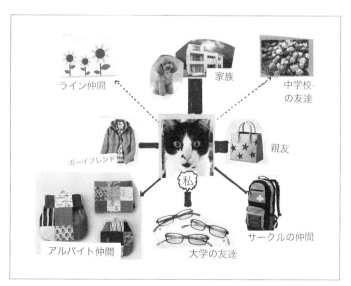

図1-1-2 「私の人間関係」の作成例

辞書で調べてみると、「社会や集団における人と人とのつきあい。感情的な対応を含む個人と個人との関係」(「広辞苑」、2008)、「集団を構成する人間のつくり出す力動的な関係」「仕事を進めていくときに必要な関係の円滑化の機能」(「日本国語大辞典」、2006) とある。人間関係は、社会や集団、仕事において成立し、その関係は力動的に変化し、人間の感情的、心理的な対応を含むということを意味する。また、その円滑化の機能が課題とされていることが分かる。

それでは、「人間関係」についての研究はどのように進展してきたのであろうか。例えば、乳児について、その社会的知覚、対人行動の発達においてもすでに胎児期からの発達と深く関連し、誕生時から大変意味ある有能な存在であるということが、今日までの数々の研究成果により実証されている。しかし、それはほんの数十年前には考えられなかったことであり、「乳児はそれ以前には研究者の関心もひかなかったし、研究方法も発達しなかったと考えられる」(川上、1989)。

人間関係についての科学的な研究の端緒は、人間としての権利、人間らしい生き方が探求されるようになり、「児童の世紀の到来」と言われた 20 世紀を待たなければならない。さて、それにしても、このあまりにも日常的に繰り広げられる「人間関係」について、科学的な研究は可能なのだろうか。

日常の生々しい人間関係を研究の対象とするとき、学問が客観的であろうとしても、人間関係の主観を排除することはできない。早坂泰次郎 (1923–2001) は、主観か客観かという対立軸で見るのではなく、「対象のあるがままを正確にとらえる」視点を提供している。そして「なまなましい人間関係の現場からの問いかけや訴えに対して適切に応答しうるためには」「関係の先験性に根ざした〈臨床の知〉としての学として成立するであろう」(早坂、1991) と述べている。

松村康平 (1917–2003) は 1960 年代には、すでに臨床心理学、関係論の立場から、人間関係について論及している。人間関係という対象の性質から、人間科学として、その理論・方法・実践を相即的・関連的に研究し、解明し

ていくことを提唱する。その姿勢は、科学としての客観的解明を目指すと同時に、きわめて人間尊重の立場であり、それは実践即研究のなかで、また、人間研究には、臨床的、教育的、倫理的配慮が必要でもある。

　人間関係が成立する関係状況には、必ず、自己・人・物との関係が同時的に含まれ、研究者（指導者）自身もそこに人として参与し関係的に存在しているのである。したがって、研究者（指導者）はどのようなかかわり方をしているかを意識化（明確化）し、共に担う関係状況の人間関係の発展を志向し、研究（指導）を行う関係責任がある。関係状況で起こる人間関係を事実にそくして（ありのままに）認識、洞察し、その本質や関係発展の構造、機能、方法を解明、明確化することを目指しているといえよう。

　今日において、社会や家庭、職場、学校や幼稚園、保育園、施設などで、様々な人間関係の問題が山積し、複雑化しているといえる。これらのことをふまえ、本章では、今、なぜ「人間関係」かについて、人間関係に関する先行研究をたどり、次に、現代社会にみられる人間関係を述べていく。

⑶ 人間関係に関する先行研究

　人間関係の意義や重要性にかかわる論説、研究をたどってみると、「児童の世紀」とされた 20 世紀の初頭から半ば頃にかけて、盛んになってきたことが分かる。

　1890 ～ 1900 年代において、発達の初期における親子関係が、おとなになっての精神生活に大きな影響をもたらすことを最初に述べたのは精神分析を創始した**フロイト**（Freud, S. 1856–1939）である。フロイトが生物的視点からリビドーの発達についての幼児期体験の重要性を述べたが、その後、新フロイト派として、**フロム**（Fromm, E. 1900–1980）は、人間行動理解に、所属する社会構造との関係も取り入れなければならないこと、また**サリヴァン**（Sullivan, H.S. 1892–1949）は乳児期における母親とのコミュニケーションに着目するなど、精神医学を対人関係の学とし、人間行動の真の理解は「関与しながらの観察」でしか得られないとした。

子どもの人間関係に関するものとして、**クーリー**（Cooley, C.H. 1864–1929）の研究がある。クーリーは、20世紀初頭に、社会学の視点から、家族や遊びの集団のように、対面的で親密な、一体感のある人間関係が特徴である集団を一次的集団とした。このような人間関係が成立する一次的集団は、子どもにとって、社会の基本的価値を内面化するための、人格形成の苗床として重要な意義があるとしている。

では、いわゆる「人間関係論」の台頭はどのように起こったのか。**メイヨー**（Mayo, G.E. 1880–1949）は、1924〜32年にかけて、シカゴの家庭用電気機械器具を生産していたホーソン工場において実験を行った。生産性の向上には物理的な環境条件に一義的に規定されるのではなく、集団の一員として認められたり、仲間とうまくやっていきたいという社会的欲求に規定されること、すなわち、会社によってつくられた公式集団よりも、彼ら自身によってつくられた非公式集団の仲間やリーダーとの相互関係に規定されることが明らかになった。このことは、経営におけるその後の人間関係論に大きな影響を与えた。

では、人間関係を二者関係、三者関係、集団関係としてみなしていく研究や方法は、どのように展開してきたのか。

モレノ（Moreno, J.L. 1889–1974）は、精神科医であった。精神病や心身症を対人関係の障害とみなし、自ら創始した**サイコドラマ**を、対人関係の集団心理療法とした。サイコドラマは自発性に基づく劇的表現を用いる。また、集団内の人間関係の測定のために、ソシオメトリーの方法も考案した。モレノは、人と人の出会い、そこに相互選択、相互作用が生じることを「**テレ**」と名づけ、サイコドラマの方法により、人間関係の治療を行った。

レヴィン（Lewin, K. 1890–1947）は、**グループダイナミクス**（集団力学）の立場から、集団の構造と機能に及ぼすリーダーの影響（リーダーシップの型）について実験を行った。個別的に、また全体に向けての説明・説得よりも、小集団による討議で決定・実行していくことが、一番効果的であった。その小集団法は、対面的で盛んな相互作用が期待されるという。

ハイダー（Heider, F. 1896-1988）は、バランス理論において、対人関係の二者関係あるいは三者関係における感情、認知の生起についてモデルを提供し、不均衡な関係から均衡な関係へと変化することを示した。

三隅二不二（1924-2002）はPM理論により集団のリーダーシップを説明する枠組みを提起した。集団機能は、課題解決あるいは目的達成に関する機能（Performance function）と、集団の存続や維持の機能（Maintenance function）があり、リーダーシップがこの2つの機能をどのように満たしているかによってリーダーシップの類型化を行った。

松村康平は、モレノの創始したサイコドラマを心理劇として日本への導入に力を尽くしたひとりである。心理劇のねらいについて、「今、ここで、新しくふるまうことが重視される。自発的、創造的にふるまうことのできる人間形成がめざされる。心理劇では、そこに成立している対人関係が発展し、そのことにおいて関係の担い手としての個人が伸び、その個人が伸びることが対人関係を発展させるという体験、その体験を豊かにすることができる方向へ、周囲の状況を変革していく。その意欲が関係体験を通して育ち、それを実現する態度が、今ここで、あたらしくとれるようにする」（松村、1961）と述べている。

松村は、人間は関係的存在と定義し、特に子どもは、著しく関係的な存在であるとし、子ども理解において人間関係的把握の重要性を唱えた。また、人間関係のタイプを一者関係型、二者関係型、三者関係型と類型化し、三者関係型の人間関係が、関係発展の通路や質を飛躍的に拡大、転換するものとした。人間関係は自己と人との関係であるが、そこに、物との関係も含まれ、同時に関係状況が成立しており、この、自己・人・物との関係状況において人間関係を捉え、関係の発展を促していくことが必要であるとした。

この、自己・人・物・状況とのかかわり方には、5つ（あるいは7つ）のかかわり方（図1-1-3）があり、接在的かかわり方が成立する状況（接在共存状況）がもたらされていく過程が重要であるとした。また、集団の機能には、方向性機能、内容性機能、関係性機能があるとした。これらの3つの機能が

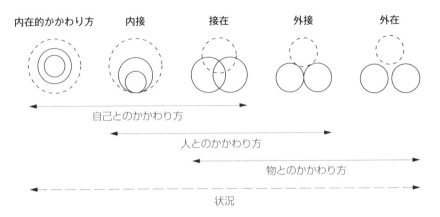

内在的かかわり方：ぴったり一体的なかかわり方　（演者的）
内接的かかわり方：内から支え合っているかかわり方　（補助自我的）
接在的かかわり方：相互に交流し合い、共に状況をつくるかかわり　（監督的）
外接的かかわり方：外側から事実に即して見、捉えるかかわり方　（観客的）
外在的かかわり方：離れて独自にかかわるかかわり方　（舞台的）

出典：松村康平（1991）より。

図 1-1-3　5つのかかわり方

集団活動において十分に機能するような指導によって、個人と集団全体の相即的な発展がもたらされるのである。

(4) 関係的存在としての私たち：人間関係の捉え方

　私たちは、今、そして刻々変化する状況における関係的存在である。松村は「人は関係的存在である」と定義し、意識する・しないにしろ、誰でも、今ここの状況・場において、人とかかわり、物とかかわり、自己とかかわり、毎日、生活しているとする。私たちが抱える悩み、問題は、実際に今生活しているこの状況との関係において起こっている。

〈事例2〉不登校を主訴とする子ども
　　「子どもが学校に行かない」「朝起きようとすると身体が硬直する」「朝、学校に行くときお腹が痛くなる」との主訴で親が来談する。
　　この場合、「関係」という視点からは、次のように捉えられる。

登校場面における子どもの内面や親の内面、身体については、「自己との関係」である。不安や緊張、怒りを感じる心理的な自己、同時に、硬直したり、お腹が痛いと表現される身体的な自己との関係である。「物との関係」とは、住まい、学校、通学路、学校への持ち物、連絡帳、筆箱、ノート、教科書、食事、衣服、ゲーム、好きな物、自然などの様々なもの、物的環境との関係である。また、学校や家庭での様々なルールや宿題やテストなど、勝手に変えられない、誰もが従わなければならない物的な性質をもつものは、「物との関係」に対応する。「人との関係」は、親やきょうだいなどの家族、近隣や親戚の人、学校の教師、友達、カウンセラーとの関係があてはまる。

これらの「自己との関係」「人との関係」「物との関係」は、二者、三者、また多者、集団関係など、様々な様態があるが、私たちが、健やかに、生きがいをもって、生活、成長していくためには、自己・人・物との関係が多様に、また相互にかかわって、発展していけるような状況がつくられていくことが重要である。

〈事例2〉の「不登校」という主訴からは、

①現在の子どもにかかわる様々な自己・人・物の関係状況から「問題」が起こっていると捉え、②その問題の所在は、「人との関係」——担任の教師や友達との関係、親や家族との関係なのか、「物との関係」——体罰やいじめ、規律などの厳しい雰囲気を醸し出している学校や教室などの場との関係なのか、座席や学習課題との関係なのか、「自己との関係」——子ども自身の不安な気持ちや身体的病気などとの関係なのか、③さらにこれらが複合的に影響し合っているのか、関係における問題として多面的に捉え、その関係に働きかけ、関係の調整・変革・発展が図られていくことが大切である。

演習2 「5つのかかわり方」

下記の場面について、あなたが保育者だとすればどのようにかかわるか。ま

た、①〜⑤の保育者のＡちゃんと集団全体にたいするかかわりは、５つのか
かわり方のどれにあてはまるか、考えてみよう。

［場面］

4歳児クラスで紙芝居を始めたときに、ひとりの男児が急に立ち上がり、「こ
のお話、知ってるからつまらない！」と騒ぎだした。

①「しー、静かにしましょう」と注意する。→（　　　　　　）

②「そうかー、Ａちゃんはこのお話知ってるんだね。ほかにも知っている人い
るかな？」とみんなにも聞いてみる。→（　　　　　）

③突然のことでびっくりして涙ぐむ。→（　　　　　　）

④Ａちゃんのことは無視して、もっと大きな声で紙芝居を続ける。→
（　　　　）

⑤「Ａちゃんはこのお話を知っているんだね。他の人はどうかな？」とみんな
に聞いてみる。「さて、それではお話はこれからどうなっていくかな？」と
どの子も楽しめるように、紙芝居の構成、やり方を工夫して行う。→
（　　　　）

(解答は14頁)

⑸ 人間関係と心理臨床

それでは、実際の臨床という場で、心理臨床者はどのような人間関係のな
かでその専門性を発揮していくのであろうか。

心理臨床者は、その拠って立つどのような流派であっても、クライエント
（被相談者）と共に歩む治療の経過において、クライエントとの信頼関係の
構築が不可欠であり、治療の基盤となる。心理臨床者はクライエントに誠実
に寄り添い、見守り、応答し合う関係へと発展し、最後にはクライエントの
自立へと背中を押していく。クライエント自身は、心理臨床者との出会い、
その人間関係の展開のなかで、主体的に問題解決するかかわり方、在り方を
体験していく。

松村は、心理臨床場面における相談者（心理臨床者）と被相談者（クライ
エント）との人間関係、相談関係について次のように述べている。それは、

心理臨床の実践と結びついて、心理臨床者としての人間関係力の発揮に重要な示唆を与える。

「相談関係は、関係弁証法的に発展する」「相談は、人間関係の発展を認識しその発展をもたらす方法は、相談技法である」「相談は社会的に存在する相談者が、はじめに選ばれるときにおける社会関係からは、相対的に独立した、相談者と被談者との、対人関係において発展する」「相談関係の発展は、相談者的役割と被相談者の役割の分化をもたらす。相談関係のよりよい発展は、その方向と過程においてとらえることができる」「相談関係の発展の方向に関する主導的な役割を担うのは主として相談者であり、その道程に関する主導的な役割を担うのは主として被相談者である。この役割関係が、しかし、固定的であっては、相談関係のよりよい発展はもたらされない」（松村、1967）

また、相談者的役割、被相談者役割の二者に加えて、相談関係の発展には、媒介者的役割（もう一人の相談者あるいは、被相談者、物を媒介とすること）により、二者の相談関係の行き詰まりや矛盾、役割の固定化を脱却し、その三者関係的な発展をもたらす契機や経過を作り出すという知見と方法は、どの立場からの心理臨床の発展的展開に役立つものと考えられる。

すなわち、相談者（心理臨床者）は、心理臨床活動、相談関係の発展をもたらすには、「豊富な関係体験」「多面的な関係認識」「鋭敏な関係洞察」「適正な関係操作」「関係責任の遂行」がなされることが重要であり、このことが、人間関係力の発展といえよう。

文献 ―――――――――――――――――――――――――――――――

・Cooley, C.H.; *Human Nature and the Social Order*, NewYork: Soribner's, 1902.
・フロイト『精神分析入門（上・下巻）』、高橋義孝・下坂幸三（訳）、新潮文庫、1977.
・エーリッヒ・フロム『疑惑と行動』、坂本健二・志賀春彦（訳）、創元新社、1965.
・フリッツ・ハイダー『対人関係の心理学』、大橋正夫（訳）、誠信書房、1978.
・川上清文『乳児期の対人関係』川島書店、1989.
・早坂泰次郎『人間関係学序説』川島書店、1991.
・クルト・レヴィン『社会科学における場の理論』、猪俣佐登留（訳）、誠信書房、1967.

- エルトン・メイヨー（Mayo, E.）『新訳・産業文明における人間問題——ホーソン実験とその展開』、村本栄一（訳）、日本産業能率協会、1967.
- 松村康平・板垣葉子『適応と変革——対人関係の心理と論理』誠信書房、1960.
- 松村康平『心理劇——対人関係の変革』誠信書房、1961.
- 松村康平「相談者論」、松村康平・竹内硬（共編）『臨床心理学』朝倉書店、1967.
- 松村康平・斎藤緑『人間関係学』関係学研究所、1991.
- 三隅二不二『リーダーシップの科学——指導力の科学的診断法』、講談社、1986.
- J・L・モレノ『サイコドラマ——集団精神療法とアクションメソッドの原点』増野肇（監訳）、白揚社、2006.
- H・S・サリヴァン『現代精神医学の概念』、中井久夫・山口隆（訳）、みすず書房、1976.
- 吉川晴美「今、何故人間関係か——現代社会と子ども」、吉川晴美ほか『新訂　人間関係——かかわりあい・育ちあい』不昧堂出版、2010.

（吉川晴美）

＊演習2の解答：①外接　②内接　③内在　④外在　⑤接在

第2節　現代社会における人間関係から起こる諸問題
―― 健康づくりの視点から、発達段階における人間関係を考える

(1) 発達段階（ライフステージ）と人間関係

「人間の科学」という幅広い心理学領域では、「誕生」から「最期」を迎えるその時まで、生きている「人」を対象としている。なぜなら、すべての人間は一生涯、発達し続けるからである。

　生涯発達の研究の方法としては、人が生きている全生涯の過程の発達段階を、乳幼児期・学童期・思春期・成人期・高齢期と各段階に区切り、その時期ごとに人々がいかに心身ともに健康で過ごしていくかについてみていくものである（図1-2-1）。人の発達については、現在では老年期までも含めて、

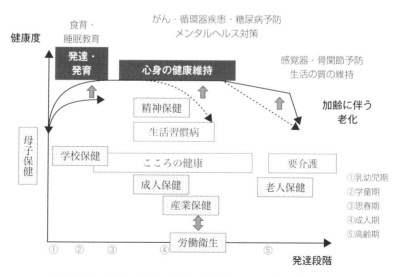

図 1-2-1　ライフステージと生涯発達における健康づくり活動の展開

生涯を通して変化・発達を続けるものと捉えられることから、加齢という視点から人の一生涯の変化過程をみていく。各発達段階の年齢による区切りについては、古今東西でそれぞれの解釈がなされている。

　人の変化・発達の過程は単独でなされるものではなく、社会や環境、そこに生きている人同士の様々な相互作用によって進むものである。そして具体的には、人の発達段階に応じて、心身の保持・増進をはかるという健康づくりとして、母子保健（子育て支援）、学校保健（スクールカウンセリング）、産業保健（企業におけるメンタルカウンセリング）、老人保健という活動が展開されている。次に、現代社会のニーズとして代表的な例を考えてみる。

1）母子保健

「周産期」とは、妊娠22週から生後満7日未満までの期間をいい、この期間に、合併症妊娠や分娩時の新生児仮死など、母体・胎児や新生児の生命にかかわる事態が発生する可能性がある。周産期を含めた妊娠・出産の期間における医療は、突発的な緊急事態に備えて、産科・小児科双方からの一貫した総合的な体制が必要であることから、特に「周産期医療」と表現されている。

　周産期は、子どもにとっては胎児期であり、母親にとっては母性が育てられる時期であり、胎児—母胎には切っても切れない絆（愛着、アタッチメント）が生まれている。胎児と母胎はへその緒を介して一心同体となっており、出産までその期間、母親の心情・感情は、胎児の「無意識レベル」に刻みこまれていく。妊娠5カ月頃から母親は胎動を感じ始め、母子の相互交流が生じる。一方、胎児は母親の心拍、母親の話し声等の母親特有の音声を聞き入ることになる。

　胎児期を通して、無意識のうちに母子の相互関係が刻まれ、出産を契機として、母性感覚をもとに具体的に育児・養育行動パターンを実践していくことになる。小児期・幼児期が今後の学童期、青年期、成人期、高齢期までの心身ともに健康な生活をおくる基本となることから、現代社会では小児期を健康に過ごすための親子関係＝アタッチメントの必要性が問われている。

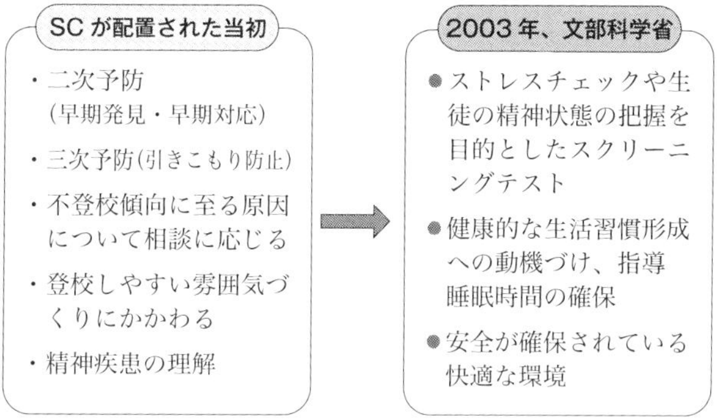

SCが配置された当初	2003年、文部科学省
・二次予防 （早期発見・早期対応） ・三次予防（引きこもり防止） ・不登校傾向に至る原因について相談に応じる ・登校しやすい雰囲気づくりにかかわる ・精神疾患の理解	●ストレスチェックや生徒の精神状態の把握を目的としたスクリーニングテスト ●健康的な生活習慣形成への動機づけ、指導睡眠時間の確保 ●安全が確保されている快適な環境

図1-2-2　不登校を例にしたスクールカウンセラーの活動

2）学校保健

　親・養育者・家族から自立して、同年代の集団の中で自分の居場所を確認しながら、仲間・友人との生活環境の中で過ごすことが多くなる。学校生活での環境の中における問題については、**スクールカウンセリング**、保健室相談等によって課題が明確になってくる。図1-2-2は、最近の学校現場における不登校の問題の予防対策についてここ数年間で変化していることを示している（文科省、2003）。スクールカウンセラー（ＳＣ）派遣当初は不登校となっている児童生徒の問題解決を心理的に支援していくことが目的とされていたが、最近では、安心・安全である学校環境を図っていくためにも、友人・教師・保護者との人間関係を視野に入れた快適な環境づくりという、一次予防の視点が必要になってきている。

3）産業保健

　図1-2-3は、平成24年労働者健康状況調査結果から働く人々のメンタルヘルス状態を示すものである。これによると、成人期以降のメンタルヘルスでは、働く人の約6割が「職業生活にストレスを感じている」ということ、そのストレスの原因としては「人間関係」が最も多く、次いで「仕事の質」「仕事の量」である。現代社会において、働く人が心身ともに健康に生きて

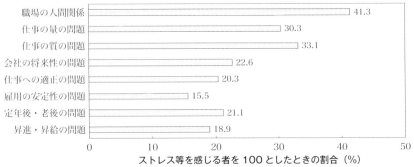

出典：厚生労働省「平成24年労働者健康状況調査結果」より。

図1-2-3 職業生活におけるストレス等の原因・主な内容（複数回答）

いくためには、良好な人間関係構築が最も必要であるといえよう。

4）老人保健

　高齢期では人生の集大成として、これまでのライフサイクルを経過していく中で心身の両面からの健康維持が必要であることはいうまでもない。図1-2-4は、男女の年代別心身状態と人間関係を示したものである。人間関係のありよう（結婚の有無、家族や友人との接触頻度、集団活動への参加の程度など）である社会とのつながり（ネットワーク）と死亡率との関係を調べた著

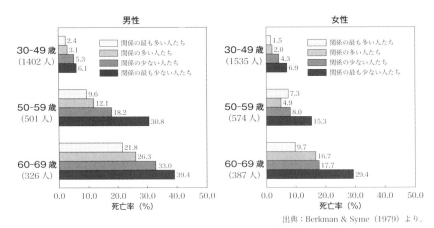

出典：Berkman & Syme（1979）より。

図1-2-4 社会的ネットワークと死亡率との関係

名な追跡研究（Berkman&Syme, 1979）のデータによると、男女いずれも年齢を問わず、豊かな人間関係の中で生活している人は、そうでない人よりも死亡率が低く、長生きするということが示された。

(2) 健康づくりの視点からの発達段階と人間関係

各発達段階において、健やかに発達、成長していくための健康づくりにおける個人のリスク軽減にかかわる（**医学的治療アプローチ**）に加えて、その個人をとりまく環境・地域・組織にかかわることが重要であるといわれている。「個」が所属する「集団」の健康度を高めていくことで、間接的に個人の健康を高めていくことになるというアプローチ（**ポピュレーションアプローチ**）の重要性が最近は強調されている。

図1-2-5は、現代社会における**健康づくり活動アプローチ**を示したものである。イメージとして、健康を維持しつつ生きていく様を坂道を大きなボールを押していくものに喩えている。ボールを押していく力を増強する（個人の健康づくり）に加えて、その斜面の角度を緩やかにするという環境を改善することで、ボールを押しやすくなる＝健康度を高めることが可能になる。

このような観点から、メンタルヘルス、心の健康を推進していくときに、心理臨床の場面では、個人が陥っている心の問題に対し、人とのかかわり方、人間関係を含める生活環境との相互関係、客観的に捉えることが可能な行動について分析をすることから、その課題解決を図ることを意識することも有効なスキルとなる。

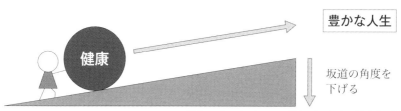

出典：ヘルスプロモーション学会のホームページを参考に作成。

図1-2-5　現代社会における健康づくり活動アプローチ

また、今後の展開として、地球レベルでの環境変化の健康に及ぼす影響、食環境の整備と食育、少子化（特に人口と食糧問題、経済成長の鈍化）、女性の健康問題（女性特有の生理と疾病、労働現場での冷遇、労働・家事・育児の両立等）、高齢者の保健・医療・福祉・介護、子どもと青少年（親子・家族間の交流、家庭内暴力）等に環境要因に起因するとされる心の問題の解決を図る方向性が、確立されていくと考える。

⑶ 生涯発達と発達課題について

　生涯発達という視点に基づき、それぞれの発達段階に応じて**発達課題**があり、それを達成していくことによって、次の発達課題に向かうことが可能になり、それを繰り返していくことが健常な発達過程であるといえる。しかし、発達課題を達成していく過程で、自分の欲求の通りにはいかないために心の葛藤が生じる。このような不安状態に相対していくことが、心理臨床の事例であろう。それに対して、事例の抱える発達課題を確認しながら、「今までの自分」よりひとまわり成長することで、その課題解決に気づきを与えていくのがカウンセラーの役割となる。

　次に、それぞれの生涯発達の視点に基づく発達課題について、古今東西の考え方を紹介していく。

1）中国風水学

　中国や韓国での風水の四神相応という捉え方における「四神」は、北は「玄武」、南は「朱雀」、東は「青龍」、西が「白虎」である。四神にはそれぞれが司る方位・季節・象徴する色などがある。

　中国風水学では、人生を四季に喩え、若年期を「青春」、壮年期を「朱夏」、熟年期を「白秋」、老年期を「玄冬」と表現している（表1-2-1）。

　地中に埋もれている種子はまだ未知なる部分が多く眠っている状態、すなわち胎児期、幼児期である。その後、東から日出ずる、まさに昇り龍のごとく勢いのある青年期となる。太陽が南中に移動すると、ピーチクパーチク雀

表 1-2-1　中国風水学における人生

中国の風水学では、方角に色と動物が配されている。風水は人生の節目にも対応している。

方角	四神	発達段階	
北	玄武	誕生〜幼児期	種子が地中に埋まっている時代を経て、芽が出始めた段階。未知数。
東	青龍	少年〜青年期	希望にあふれ、活動。
南	朱雀	壮年期	人生の盛り。
西	白虎	老年期	移りの時であり、何にも動じない淡白な気分で人生を楽しむ。

がうるさく騒ぎエネルギーが満ち満ちている、人生真っ盛りを赤で表す壮年期となる。そして、穏やかに淡白に何事も受け入れ、あたりを睥睨するだけでその威厳によってまわりがひれ伏すという虎の姿をイメージする老年期となる。加齢に伴い、老いさらばえていく衰退を意味するのではなく、堂々と豊かに実っていくとしているのは、「生涯発達」という視点で人生を的確に表現しているといえよう。

2)孔子「論語」

「論語」とは中国の思想家・孔子が述べたものを弟子たちがまとめたものである。孔子は紀元前551年に魯国、現在の山東省曲阜市に生まれる。最高裁判官である大司寇および外交官に就任、その後失脚、詩書など古典研究の整理を行い、紀元前479年、74歳で死去した。

　孔子は一生を回顧して、人間形成の過程を年代に合わせて、それぞれ「志学」「而立」「不惑」「知命」「耳順」「従心」と示した（表1-2-2）。これを現代風の文章にするとこうなる。

「私は15歳のとき、学問を志した。

　30歳のとき、独り立ちをして何者にも動じない立場を持てるよ

表 1-2-2　孔子「論語」

吾	十有五にして学に志し	（志学）
	三十にして立ち	（而立）
	四十にして惑わず	（不惑）
	五十にして天命を知る	（知命）
	六十にして耳順い	（耳順）
	七十にして心の欲する所に従いて矩を踰えず	（従心）

うになった。

40歳では迷うことがなくなった。

50歳でようやく天命を理解するに至った。

60歳ともなると、人の話を素直にきける余裕も出てくる。

70歳。もはや心の思うままに行動しても、道義から外れることがない、このような境地になったものだ」

3）エリクソンによる心の発達課題

心の健康を維持・増進するためには心理学者エリクソン（Erikson, E. H. 1902-1994）は、フロイトの発達段階をベースにして、生涯にわたる発達を捉え、また社会との関係を組み込んだ新しい発達段階に応じた心の発達課題を達成していくことであると提唱した。

そこで、人々の心身の健康・増進を考える際には、その人が生活している場（家族、組織、地域など）における生活環境との相互関係をみていくことが前提となる。生涯発達の考え方は、連続的な自己成長の過程におけるライフサイクルの視点を提供している。どのように生き、どのように死んでいくのか、という問題を投げかけてくることになる。その問題に取り組むために、発達課題をどのように取り扱うかが重要になってくる。そこで、連続的なものである生涯を仮にいくつかの時期に分け（ライフステージ）、各時期における課題を考えていく方法が浮かび上がることになる。フロイト派だった心理学者エリクソンは、フロイトの発達段階をベースに、生涯にわたる発達を考え、また社会との関係を組み込んだ新しい発達段階を作り出した。

生涯発達の考え方のもと、すべての人が何の問題もなく発達課題をこなしていければいいのだが、現実はそのようにはいかない。人は、社会的環境に適応しようとする心理的努力のなかで、生じるストレスや緊張を時にもてあましてしまうこともある。基本的には、心理・社会的危機を克服しながら、人は発達し続ける存在であるが、それがかなわなくなったとき、どのように対応したらよいのかという問題が持ち上がってくることになる。

そして、発達理論を理解した上で、発達課題でつまずいた人にどのように
かかわればいいのかを学んでいくことにする。実践場面で、どのように「発
達」と「臨床」を生かせるかが重要なポイントとなる。

さらに、どのように生きどのように死んでいくのかという問題を投げかけ
てくることになる。その問題に取り組むためには、発達の課題をどのように
取り扱うかが重要になってくる。そこで、連続的なものである生涯を仮にい
くつかの時期に分け（ライフステージ）、その各時期における課題を考えてい
く方法が浮かび上がることになる。この手法は、エリクソンの発達理論にも
使われている。フロイト派だった心理学者エリクソンは、フロイトの発達段
階をベースに生涯にわたる発達を考え、また社会との関係を組み込んだ新し
い発達段階を作り出していった。

発達理論を理解した上で、発達課題でつまずいた人にどのようにかかわれ
ばいいのかを学んでいくことになる。実践場面で、どのように「発達」と
「臨床」を生かせるかが重要なポイントになる。生涯発達理論は、人は心理
的発達とともにすべての発達段階を通過していくと考えている。ただし、
各々のライフステージにおける発達課題の獲得と失敗は、次の段階の達成に
大きく影響を与える。また、各課題は、成功と失敗の対概念として提示され
ているが、必ずしも成功だけを体験しなくてはならないという意味ではない
が、より多くの成功体験をもつことが発達にとって特に重要である。

⑷ マズローの欲求階層論

アメリカの心理学者である**マズロー**（Maslow, A.H. 1908-1970）は、人間の
自己実現を研究対象とする「**人間性心理学**」の最も重要な生みの親とされて
いる。**欲求の5段階説**（欲求のピラミッド）を主張したことで知られる（図1
-2-6）。

①生理的欲求（空気・水・食物・庇護・睡眠・性）……人間が生きていくため
　に最低限必要な、生理現象を満たすための欲求。

②安全欲求（安定性欲求）……安全・安定・依存・保護・秩序への欲求。誰

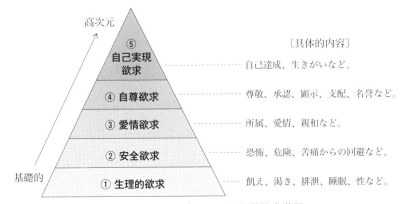

図1-2-6　マズローの5段階欲求階層

にも脅かされることなく、安全に安心して生活していきたいという欲求。
③愛情欲求（所属欲求・社会的欲求）……愛されること、家族の中に居場所があり自分が愛されること、集団に属したり、仲間から愛情を得たいという欲求。
④自尊欲求（承認欲求）……自尊心・尊敬されることへの欲求。他者から、独立した個人として認められ、尊敬されたいという欲求。
⑤自己実現欲求……自分がなりたいものへの欲求。自分自身の持っている能力・可能性を最大限に引き出し、創造的活動をしたい、目標を達成したい、自己成長したいという欲求。

　①～⑤までの欲求について人の生涯発達の視点からみると、子どもは成長に伴い、最初の食欲・睡眠欲・排泄欲等、原始的な生理的欲求を満たされることによって、次の段階の、安全を求める欲求が起こってくる。養育者の庇護のもと、胸元で安全に抱かれることによって、安全が維持される。
　さらに成長するに伴い、言語を獲得し、言語を介して、集団社会に入っていく。こういった成長をとげることから、その集団で受け入れられたい、愛されたいという欲求が起こってくる。
　家族、友人、仲間から愛されることで所属欲求・社会的欲求が満たされる。

さらに次の欲求、すなわち他者から独立した個人として認められ、尊敬されたいという欲求が起こってくる。他者からの尊厳を得ることで、さらに、他者からではなく、自分自身でも「自己実現」の実感を得ることが最大の欲求であり、これを達成することが人間の発達目標となると考えられる。

文献 ───────────────────────────
・Berkman, L. F. & Syme, S. L. Social networks, host resisitance, and mortality. *Am J Epidemiol, 109,* 186-204, 1979.
・厚生労働省「平成24年労働者健康状況調査結果」、2013.
・ヘルスプロモーション学会「ヘルスプロモーション活動の概念図」、ヘルスプロモーション学会ホームページ（http://www.jshp.net/gaiyou/gaiyou_top.html）
・文部科学省「不登校への対応の在り方について（通知）」2003年5月16日

（松井知子）

第 2 章

人間関係の発達と心理臨床

第1節　心理臨床の理論と方法

(1) 心理臨床とは

　心理臨床の基本にある学問は、臨床心理学である。**臨床心理学の誕生**は、1896年に**ウイットマー**（Witmer. L. 1867-1956）がペンシルヴェニア大学に心理クリニックを開設されたときとされ、実際にclinical psychology（臨床心理学）という用語を初めて使用したとされる。臨床心理学として現在展開する心理療法や精神病理学、心理アセスメントに大きな影響を与えたのは、19世紀後半から20世紀初頭から始まった、精神分析（力動心理学）と精神測定学（心理検査）とされる。

　臨床心理学は、実際に個人や集団に生じた困難な問題を心理学的知識と技術で解決する方法を明らかにする心理学の一専門分野であり、基礎心理学にたいし応用心理学とされる。それは、様々な状況にある人間の生活や活動の発展、精神的健康の増進を目的とする人間科学である。したがって心理臨床とは、臨床心理学の理論と方法に基づき、問題が生じている関係状況を明らかにし、個人や集団が自ら主体的に問題の解決にかかわっていけるように、適切な方法で、援助し、働きかけていく実践である。

(2) 心理臨床における問題の捉え方とかかわり方

　心理臨床における問題の捉え方、実践の方法には、様々な基本的な考え方とそれに基づく方法があるが、大きく分けると次のように考えられる。

1）問題の対象の捉え方と働きかけ

① 個人において捉える立場

　個人においてどのような問題が生じているかを明らかにし、問題が改善されていくように、個人に働きかけ、援助していく。

② 全体において捉える立場

　問題が生じている全体、集団や組織、環境に注目し、問題の改善がなされるように、全体に働きかけ、援助していく。

③ 個人と全体を統合的に捉える立場

　個人と集団が関連する関係状況を捉え、関係状況が改善、発展が促されるように働きかけ、個人も全体（集団、組織、社会）も相即的に発展されるよう援助していく。

2）問題が生じる時相の捉え方

①問題の生じる原因（過去）を明らかにし、原因の軽減、改善を図る。

②問題の生じた結果から、今後（未来に）起こらないように現在を修正できるよう、学習を促進する。

③問題の生じる経過を明らかにし、現在から未来へ向けて、今、ここ、の経過が発展していくよう、援助、かかわっていく。

3）心理臨床者のかかわり方

① 一者関係的かかわり方

　外在性：正しいと判断される問題解決の方向を指示する。

　内在性：クライエント（被相談者）と問題に自分を一体化させる。

② 二者関係的かかわり方

　内接性：クライエントに寄り添い、問題を一緒に捉え解決を図る。

　外接性：問題を客観的に捉え、クライエントに問題の様相を示す。

③ 三者関係的かかわり方

　接在性：クライエント、心理臨床者、問題を成立させ、三者が相互にかか

わり合って、変化、発展する過程を共に創る。

三者の関係状況の様相、過程に応じて、上記のかかわり方（内在、外在、外接、内接、接在）を接在的な（統合的）立場から随所で、自在、臨機応変にかかわる。

(3) 各心理臨床の理論と方法の特色

心理臨床の理論と方法は、その基本的な考え方により様々にある。

本節で取り上げるフロイト、ユング、ロジャーズ、認知療法・認知行動療法の心理臨床の理論と方法の特色を示すと図2-1-1のようになる。

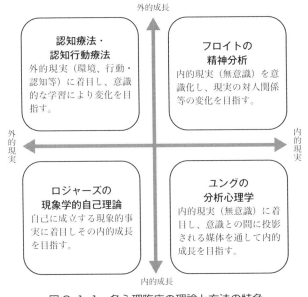

図2-1-1　各心理臨床の理論と方法の特色

（吉川晴美）

1 フロイトの精神分析

フロイト（Freud, S. 1856-1939）により創始された精神分析は、人間の意識に基づくことば、態度、行動などの背後に潜む無意識的意味を了解し、それまで未解決だった抑圧された葛藤を解消していくという臨床的行為に基づいた治療法である。フロイトは、1890年代後半から1900年代には、神経症などの患者に自由連想法や夢の分析を用いて治療を行った。患者がかつて子どもだったときに、とくに両親との関係において決定された無意識のなかに抑圧された情緒的態度、葛藤、攻撃性、不安などの分析・治療を行い、無意識の構造とダイナミズムを明らかにした。

⑴ 心的装置

心の複雑な作用を解明するために仮定されたのが心的装置である。人の心は「意識」「前意識」「無意識」の3つの領域からなるという捉え方である。前意識というのは、何らかの努力やきっかけで、思い出す記憶や知識、感情等であり、それは、意識、無意識の両方の領域の間に存在することになる。

フロイトが提起する無意識は、抑圧されて無意識の領域に閉じ込められていた記憶や感情が自由連想法などを通じて、前意識に移動し、さらに意識化することが可能であるとする。そのような心の抑圧構造の力動的変化の過程により、神経症の症状等が治療されていくとする。無意識の領域には、心の奥底に抑圧されたままになっている衝動や欲求がうごめいているのであって、フロイトはそうした無意識的な葛藤によって神経症などの症状が生じると考えた。

さらに1920年ごろにフロイトは、人間の心の全体的構造を、**エス**（または**イド**）、**自我**、**超自我**という3つの部分から成り、それらは相互に関係すると考えたのである。

エスとは、あらゆる本能的衝動や欲求の貯蔵庫であり、その働きはそうした内的衝動の満足、欲求の解消であって、この過程を支配する法則を**快楽原則**という。

　自我は、エスからの本能的な衝動や快楽の追求を、現実をよく吟味したうえで調整し、現実の環境に適応し、社会的にも安定して生活していけるようにする。フロイトはこれを「現実原則」と呼ぶ。ところが、このコントロールはなかなかむずかしく、エスと自我はしばしば衝突したりして葛藤を生むことも少なくない。

　超自我は、両親のしつけや社会の要請、規範などが内面化されたものであり、これらを逸脱するエスの暴走を禁止し、現実適応をはかる自我の機能を監督し、道徳的・倫理的なものへ向けさせようとする働きをする。例えば、子どもが宿題をしないまま仲間と遊んでいるが、このままずっと遊び続けたい欲求は強いが、それでは親や先生に叱られ（超自我）、明日学校に行ったときに困ったことになるかもしれない。そこで自我は、その場は、少しだけ遊んで宿題をすることにして、衝動や欲求（エス）を制止するために起こる緊張の解消を一時延期させ、宿題を済ませてから、スポーツやテレビを見ることに熱中してこれを発散させたりして、適度な調整をはかり、一応の満足をもたらすのである（図2-1-2）。

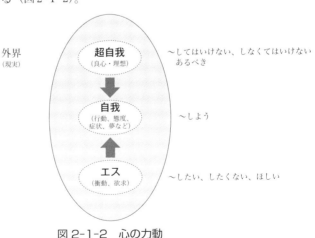

図 2-1-2　心の力動

(2) リビドー発達論

　リビドーとは、人間に生得的に備わった性的エネルギーを意味するものであり、発達とともに成熟するとされる。もし発達の各段階で欲求の充足がうまくなされないと、リビドーはその段階で停滞し、固着してしまい、それがその後の人格形成に需要な影響を及ぼすことになる。すなわち、リビドーは、抑圧・昇華・補償などの、現実において望ましい防衛機制によってうまく解消されなければならないが、妨げられると無意識の世界に閉じ込められ、早期の発達的な段階へと退行するとされる。

　フロイトが想定したリビドーの発達段階は、次の5つである。
　　①口唇期（新生児〜1歳半ごろ）　　④潜在期（5、6歳〜12歳）
　　②肛門期（1歳半〜3、4歳）　　　　⑤性器期（12歳〜青年期）
　　③男根期（3、4歳〜5、6歳）

(3) マーラーの分離・個体化理論

　児童精神科医であり精神分析医でもある**マーラー**（Mahler, M.S. 1897-1985）は、母子関係の綿密な観察によって、乳児が母親との共生的な状態からどのようにして身体的、精神的に自立して心理的誕生を迎えられるようになるかについて、生後から3歳ごろまでの乳幼児期の発達過程を理論化している。

1）分離・個体化以前

　生後2カ月ごろまでは、すべてを母親（養育者）に依存し、融合し一体であるという幻想の中（幻想的全能感）にいる。これを**正常な自閉期**という。やがて、漠然とではあるが自分の内部と外界との区別が可能になるにつれ、生後3カ月ごろからはいわゆる**正常な共生期**に入っていく。この時期、乳児は自らの体験を快および不快と分化して、経験するようになる。そして、内と外とは相違するものとして感じ、飢えなどの欲求を満たし、身体の不快感がもたらす緊張を和らげ安心させてくれるものは外界からやってくることも

少しずつ認識できるようになる。とはいえ、乳児と母親とはまだ2人で1個体（共生球）であるかのようにふるまい、その境界は流動的である。こうした状態は生後6カ月ごろまで続くと考えられ、適度の共生関係は、その後の正常な分離・個体化を促進させるための重要な役割を担っている。

2）分離・個体化の過程

マーラーは、生後5、6カ月から36カ月ごろまでを**分離・個体化期**とし、この期間に乳児は母親のイメージとは明確に分離した自己のイメージを内在化させるようになると考え、さらにこれを4つの段階に区分している。

① **分化期**：5、6カ月から8カ月

乳児には周囲の物に関心を示してそれを見たり触ったりする探索行為が増えてくる。同時に、もはや一方的に母親に抱っこされるだけはなく、自分から母親の顔や髪の毛を触ったり、身につけている衣服やアクセサリーを引っ張り、しげしげと眺めたりして、自分と母親とは別個の存在であることをしだいに認識するようになる。ここに乳児と母親という2つの個体が分化し始めた兆候を見ることができる。こうした行動を通して乳児は「親しいものと親しくないもの」「母親とそれ以外の人」が、認識できるようになる。これが、見知らぬ人に出会うと驚いたりで泣いたりする「人見知り」となる。

② **練習期**：9カ月から14カ月

ハイハイやつかまり立ちなど移動能力が発達し、生活空間はかなり拡大されて、幼児は環境の探索に夢中になり、オモチャや毛布、ほ乳瓶などを触ったり、匂いをかいだりと、外界への好奇心が盛んになる。まるで母親の存在など忘れてしまったかのように熱中するが、ふと母親を思い出し、すぐに母親のもとに戻り、また膝に乗ったり体に触ったりして愛情を補給し元気になって再び探索に出かけていく。このとき、母親はいかにうまく幼児を情緒的に受けとめることができるかがきわめて重要になる。ひとり歩きが可能になると、物につまずいて転んでも母親から離れていったり、また戻ってきたりと、幼児は心理的・物理的に母親との距離をコントロールするようになる。

③ 再接近期：15カ月から24カ月

　自分と母親とは別だという分離意識をはっきりもつようになり、一人で行動しようとする意志が芽生えてくると、それだけ母親から離れることに対する不安、つまり「**分離不安**」は大きくなる。これは母親からの身体的分離の達成より、心理的分離のほうが遅れて達成されることを意味している。幼児が何か苦痛をこうむったとき、母親はいつもそばにいてくれるわけではないことを体験して当惑し、それからは母親の居場所への絶え間ない関心と、母親を積極的に求める行動とが再び生じてくる。自立しつつあるように見える反面、自分が経験したことに母親も関心をもつことを求めてくるなど、自分の経験を母親が分かち合ってくれることを強く望んで，再び母親に接近するようになるのがこの時期である。

④ 個体化の確立：24カ月から36カ月ごろまで

　言語機能や空想力、それに現実吟味力も飛躍的に発達したことにより、自分は他者とは別個の存在であるということを明確に認識できるようになる。そして、母親という対象像も安定してきて「自分がどこにいても母親はそこにいてくれる」ということが心のなかで確信できるようになる。

⑤ 情緒的対象恒常性の確立：36カ月〜

　幼児にとって自己と対象は別個の存在である恒常性が確立し、自律的自我能力が発達する。

⑷ 精神分析的心理療法

　フロイトの正統的・古典的精神分析療法では、神経症者を主な対象とし、週に4〜5回（1回50分）の頻度でクライエントは寝椅子に横たわり、思いついたことをそのまま自由に話すという、いわゆる自由連想法を中心に治療が行われる。しかし、これはその後多くの門弟たちによってかなりの修正を加えられることになった。つまり、古典的精神分析療法の原理に基づきつつも、臨床家それぞれの考え方から、新たに様々な治療理論や技法が開発されるようになったのである。これにより、治療対象も精神病や境界領域、さら

に子どもの精神障害などへと広がっていった。

　精神分析的療法において、治療者とクライエントの間に起こる治療への重要な手がかりについて下記に説明する。

① 治療的退行

　治療者との関係がある程度親密になってくると、クライエントは普段の対人関係のもち方だけではなく、一時的あるいは部分的に退行的な態度を示したりするようになる。例えば約束の時間に遅れる、面接中あえて沈黙を続ける、一見テーマとは関係ない日常の出来事ばかり話すといった〝抵抗〟もそのひとつである。また、幼少期の対人関係のパターンを再現して、治療者に過度の依存や甘えの感情を抱いたり、反抗や拒否的な態度に出たりする〝転移〟もしばしば見られる。これらもまた、治療の展開にとって重要な手がかりを与えてくれる。

② 防衛分析

　治療場面でさえ、いつも知的・論理的なものの捉え方、話し方をしている人は、混沌として矛盾や葛藤を含んだ内面があらわになることを避けているとも考えられる。そこで治療場面や日常生活でのこうした対人態度やふるまいなどを素材に、その人はどのような防衛機制を用いて自分の内面に触れられることを避けようとしているのか、また、そうした抵抗によって隠されている矛盾や葛藤とは何であるのかといったことを〝解釈〟と呼ばれる言語的関与によって明らかにしていく。こうしたやりとりから、クライエントは自分の心の無意識的な働きをしだいに理解していく。これを〝洞察〟という。

③ 転移分析

　幼少期、両親のように本人にとって重要な人物に対して抱いていた未解決の感情的葛藤や対人関係のパターンは、治療場面に持ち込まれ、治療者との関係で再現される。この転移という現象は、一般的に「本来は過去の重要な人物に対して向けられるべき感情を、対象をセラピストに替えて再体験すること」とされている。

　例えば、幼いころに、親（＝重要な他者）に対して抱いていた抑圧した怒

り（感情）を、おとなになって精神分析という取り組みの中で、セラピストに対してその怒りを表出することなどである。こうした転移現象は、治療過程のなかで、焦点を当て、現在のそうした感情や態度と過去の様々な体験や記憶内容との関連性について理解を深め統合していくようにする。

　転移は、治療を進めるきっかけとして重要なものとして考えられるようになり、自由連想によって過去を思い出すだけではたどり着けない、より無意識の深層部分に迫ることができるとされる。転移は、治療者に好意や肯定的感情を抱く**陽性転移**と、拒否や否定的感情を向ける**陰性転移**とに分けられるが、治療者がクライエントに対して複雑な感情を抱く**逆転移**もある。フロイトが抵抗のひとつとして考えていた転移は、次第に治療への有効性が認められるようになり、逆転移も抵抗のひとつであると同時に、うまく扱えば治療を進展させるきっかけとなることも認められている。

④ 治療終結

　抵抗や防衛、転移の分析が進むと、それと並行してこれまでの成育の過程でパーソナリティ形成上大きな影響を及ぼしたと思われる出来事や重要な役割を果たしていた体験などについて、現在の行動や態度・感情などと関連づけながら一つひとつ時間をかけ丹念に吟味していくことになる。クライエントはそこで得られる治療的経験や洞察から自分への理解をさらに深め、やがてそれが症状の消失や自我の適応性の増大、クライエント自身の人生をしっかり見極めて生きるといった方向へとつながっていく。

文献　————

・ジャン＝ポール・シャリエ『無意識と精神分析』、岸田秀（訳）、せりか書房、1970.
・ジグムンド・フロイド『精神分析入門（下巻）』、井村恒郎・馬場謙一（訳）、日本教文社、2015.
・神田久男『精神分析派の基礎理論』樹村房、1997.
・森省二（編著）『子どもの臨床心理』樹村房、1994.

（吉川晴美）

2 ユングの分析心理学と心の構造

　フロイトと同様、人間の無意識の構造や心的過程に注目したのが**ユング**(Jung, C.G. 1875-1961) である。精神科医でもあるユングは、当初、フロイトの理論に深く感銘を受け、自らフロイトを訪ねて親交を深めるが、後にフロイトの精神分析学とは異なる独自の理論を構築し、「分析心理学」と呼ばれる学派を創りあげた。

　両者のもっとも特徴的な相違点として挙げられるのが、無意識の捉え方である。フロイトは無意識を個人的なものとして捉え、乳幼児期の抑圧体験などを分析することで、患者の抱える病理について合理的で客観的な説明を試みたのに対し、ユングは、フロイトのいう無意識を**個人的無意識**とし、さらにその深層にあるものとして、文化や民族を超えた人類共通の普遍的な無意識を**集合的無意識**と仮定した（図2-1-3）。そして、意識の中心に「**自我**(ego)」があるとし、心全体の中心に「**自己**（self）」があると考えた。

　また、様々な心的現象は、この集合的無意識の層から生じるものと考え、意識と無意識の間のイメージの世界に着目した。そして、そこに象徴的に表現される心的内容を把握し意識化していくことで、個人的な枠組みを超えた、より高次の統合が可能となると考え、その過程を「**個性化**（individuation）」と呼んだ。夢や絵画・音楽などの芸術、子どもの遊びには個人の深層心理が象徴的に表れるとされ、そこから生まれる創造の力には無限の可能性が秘められて

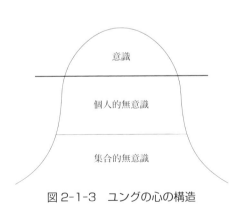

図2-1-3　ユングの心の構造

いる。このユングの理論は、心理学にとどまらず、神話学や民俗学、宗教学や文化人類学にも大きな影響を与えている。

(1) コンプレックスと元型

1) コンプレックス（Complex）

ユングの心理学から生まれ、現代に生きる我々になじみのあることばにコンプレックスという言葉がある。コンプレックスとは、一般に劣等感を表すものとして用いられることが多いが、ユングの元々の定義は「無意識の中で働く感情に色づけられた心的な複合（感情複合体）」であり、何かのきっかけで、この無意識が刺激を受け活性化し、行動に表れると考えた。

2) 元型（アーキタイプ：Archetype）と自己（Self）

ユングは、人の様々な心的現象は集合的無意識から生じると考え、人間がある状況に置かれると、そこに生じる感情的な要素が星座のように結びつき（constellation）、共通の内的な反応パターンが立ち上がると考えた。このパタ

表 2-1-1　ユングの主な元型の諸相

元型	意味と働き
ペルソナ（仮面）	外界へ適応する際に必要な心の側面。自我防衛の役割を果たす。場面や役割によって態度や行動をうまく変化し柔軟に使い分けられることが大切である。
シャドウ（影）	自分が意識している自己と正反対の特徴を持つもう1人の自分。夢の中などに、自分とは別の人の形で現れることが多い。
アニマ／アニムス	アニマは男性の無意識に潜む女性像。情緒や感情の象徴。アニムスは女性の無意識に潜む男性像。知性・理性などの象徴であり、父親の象徴。アニマとアニムスは恋愛や夫婦関係に影響を及ぼす。
グレート・マザー（太母）	偉大な母親の象徴。子どもを包み込み慈しむ母親と、飲み込む恐ろしい母親の二面性を持つ。聖母と魔女・山姥など。
老賢人	偉大な父親の象徴。万能の知者のイメージで、男性にとっては成長の最終的な到達点。
永遠の少年／少女	思春期の自己の象徴。成長することへの拒否の象徴でもある。老賢人とは「シャドウ」の関係。ピーターパンなど。

ーンを、人類に普遍的な夢や神話、民話などにみる象徴性に当てはめ、**元型**という概念を生みだした（表2-1-1）。

これらは、通常は表面で意識されることはなく、無意識に眠る情緒的な反応パターンとされ、夢の中に象徴的に現れたりする。例えば、箱庭療法や描画療法などの治療過程や自己回復過程において、その後の治癒に大きな役割を果たしたりすることがある。また、現代の親殺しや子殺しの事件の背景に、これらの元型が象徴的に存在していることがある。

(2) ユングのパーソナリティ理論

ユングは**パーソナリティ理論**において、生きる上で必要な心理的なエネルギーである心的リビドーの向き（外向―内向）による2つの基本的態度と、4つの心理的機能（思考・感情・直観・感覚）との組み合わせによって、人間の性格を8つに分類した（図2-1-4、表2-1-2）。

外向とは、その人の意識（関心や興味など）が外界の対象に向くことで、反対に**内向**とはその人の内界やその人自身に向くことである。

次に、4つの心理的機能であるが、思考と感情は理性的で合理的な判断機能であり、思考が物事や現象を客観的・論理的に理解し判断するのに対し、感情は好き嫌いや善悪の倫理観など「自分はどう感じるか」という主観に基づき判断する。両者は、例えば頭では分かっていても感情では割り切れない

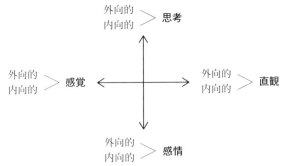

図2-1-4　2つの基本的態度と4つの心理的機能の組み合わせ

表 2-1-2　ユングのパーソナリティ理論

内向的	思考タイプ	外的な状況よりも自分の思考を重視するため独創性に富むが、ひとりよがりになりかねない部分を持っている。
	感情タイプ	内的感情・感受性が強く芸術家タイプである。
	直観タイプ	内的なひらめき（直観）をもとに思考・行動するタイプ。個性的で魅力があるが、ともすれば周囲から受け入れられないことにもなる。
	感覚タイプ	独特の内的感覚を重要視するため、周囲に理解されがたいことが往々にしてあるが、すぐれた感受性を持っている。
外向的	思考タイプ	外的状況・現象を客観的に理解していくタイプ。
	感情タイプ	外的な価値観を受け入れつつも自分の感情を基盤として行動するタイプ。
	直観タイプ	可能性を求めて外へとエネルギーを放出するタイプ。行動的。
	感覚タイプ	現実主義で自らを外的状況に合わせていくタイプ。

出典：林牧子（2005）より。

というように相反する性質をもつが、一方で両者が協調しバランスをとることにより私たちは正しい判断を下すことが可能となり、両者は「相補的」な関係ということができる。また、感覚と直観は感受性の知覚機能であり、感覚は五感でありのままを感じ取るのに対し、直観は瞬時に物事の本質や全体を感じ取る。そして、感覚―直観もまた、思考―感情と同様に相反する性質を持ちながら「相補的」な関係にある。このように、対極的な2つのものが同時に相補的である、という考え方はユングのパーソナリティ理論の特徴である。

文献

・赤井美智子ほか『子どもの発達と心理臨床』樹村房、1997.
・林牧子「第1章7節　性格・人格」、精神保健福祉士養成セミナー編集委員会（編）『心理学〈精神保健福祉士養成セミナー第14巻〉』（改訂第3版）、へるす出版、2005.
・河合隼雄『ユング心理学入門』培風館、1967.
・河合隼雄『臨床心理学ノート』金剛出版、2003.
・小此木啓吾・深津千賀子・大野裕（編著）『改訂新版　心の臨床家のための精神医学ハンドブック』創元社、2004.
・佐藤正衛『今、なぜユングか――「元型」論と現代』雲母書房、2005.
・渡辺学『ユングにおける心と体験世界』春秋社、1991.

（柳瀬洋美）

3 ロジャーズの人間性心理学

　理論というと、ともすれば事象と事象の間の因果関係を明らかにするという考えに縛られやすい。だが心理臨床においては、理論の根拠となる事象の多くが個人の主観的体験である。そのため、その理論が普遍的なものである、と断言することは難しい。そもそも、心理臨床そのものの目的がクライエントの抱える課題に対する**自己治癒力**を高めるものであり、決して因果関係を明らかにすることが課題解決の最終ゴールではないということは、心理臨床に携わる者ならば誰もが認めることだろう。

　言い換えるならば、自己治癒力とは、人間に内在する自己実現の力の一部であり、自己実現の過程をどのように進むかという、治療理論という枠組みを超えた、ある意味、人間の成長理論でもある。そして、そこにはクライエントと治療者という、人と人との関係性が存在する。

　ロジャーズ（Rogers, C.R. 1902-1987）は、人間には生来、有機体として**自己実現**（Self-actualization）しようとする力が備わっており、自分の抱える問題をより適切に解決していく潜在能力を持っていると考えた。こうした自己実現しようとする力や主体性など、人間の肯定的な側面を重視した心理学を「**人間性心理学**」という。ロジャーズは治療対象者を「患者」ではなく、「クライエント（Client）＝来談者」と呼び、クライエント自身の潜在能力を尊重した。この心理療法は**来談者中心療法**（Client-Centered Therapy）と呼ばれ、セラピスト（治療者）の役割はクライエントが自らの潜在能力や成長しようとする力を十分に発揮できるよう援助することであるとしている。

　また、ロジャーズが示した「治療的パーソナリティ変化のための必要十分条件」の６つの条件のうち、セラピストの態度にかかわる第３条件、第４条件、第５条件の３つの条件は特に「**中核三条件**」（一致、無条件の積極的関心、共感的理解）と呼ばれ、カウンセリングにとどまらず、広く臨床現場におい

表 2-1-3　Rogers（1957）の「建設的人格変化のための〈必要十分条件〉」

(1)　二人の人が心理的な接触をもっていること。
(2)　第一の人（クライエントと呼ぶことにする）は、不一致の状態にあり、傷つきやすく、不安な状態にあること。
(3)　第二の人（セラピストと呼ぶことにする）は、その関係のなかで一致しており、統合していること。
(4)　セラピストは、クライエントに対して無条件の積極的関心を経験していること。
(5)　セラピストは、クライエントの内的照合枠に対するよう共感的理解を体験しており、この体験をクライエントに伝えようと努めていること。
(6)　セラピストの経験している共感的理解と無条件の積極的関心が、最低限クライエントに伝わっていること。

出典：坂中（2014）より。

ての実践の基盤となっている。なお、6つの条件は表 2-1-3 のとおりである。

(1) 中核三条件

1）一致（自己一致）

「自己一致」と表記されることも多いが、あくまでもクライエントとの関係において、セラピスト自身が、自分が体験していることと、意識していることが「一致」し「統合」しているということを意味している。この体験と意識は必ずしもプラスである必要はない。例えば、クライエントに対して負の感情を抱いたとしても、それを否定したり無理に打ち消したりする必要はなく、ありのまま、自らが体験した感情に対し偽りない姿であることが大切である。

ただし、「セラピストが自分の感情の全てを包み隠さずクライエントに伝えることが一致の態度なのではなく」「クライエントに伝えるかどうか、伝えるとすればどのように伝えるかを、自分の内的体験を丁寧に吟味しながら考えていくことそれ自体が、この態度条件の本質だといえる」（坂中ほか、2015）

2）無条件の積極的関心（無条件の肯定的配慮）

　カウンセリングで重要なのは、クライエント自身が自らの体験や思いを語ることであり、そのためには、クライエントが何を話しても受けとめられるという状況が大切である。日常的な人間関係において、私たちは自らの価値基準のもとに相手の話を聴き、判断したり、時に評価したりする。しかしカウンセリングにおいては、セラピストは自分の価値観や評価基準はいったん手放し、特定の話に偏ることなく、否定もせず肯定もせず、ありのままのクライエントの話に積極的に耳を傾けることが重要である。

　例えば、子育てが思うようにいかない母親が「いっそこんな子いなくなってしまえばいい！」ということばでその苛立ちを口にしたとき、セラピストはどのように受けとめたらいいだろうか。「母親がわが子にそのようなことを言ってはいけない」と頭ごなしに説教すれば、おそらくその母親は自分の抱えるつらさを語ることをやめてしまうだろう。しかし、だからといって母親のことばに同調し肯定するわけにはいかない。セラピストは、表面上の感情表現に振り回されることなく、否定も肯定もせず、まず、ありのままのその母親のことばを受けとめていくことが必要である。真摯にクライエントの思いを理解しようというセラピストの姿勢が相手に伝わって初めて、そのことばの背景にある本当のつらさが母親自身の口から語られるのである。

　こうしたセラピストの姿勢は、クライエント自身が尊重され受容されているという実感につながり、他者の評価に惑わされることなく、自分自身が何を体験し何を感じているのかという、自己の内面との対話の促進へとつながるのである。

3）共感的理解

　カウンセリングにおいて、セラピストがクライエントの話を聴き、「あたかも自分自身のことであるかのように」共感し、理解しようと努める姿勢は重要な役割を果たす。自己の内面を見つめ自己の課題と向き合うクライエントの作業プロセスに寄り添うセラピストの存在は、クライエントにとって大

きな支えとなるだろう。

　ただし、セラピストはクライエントの独立性を尊重することを忘れてはならない。さもないと、セラピストはクライエントの怒りや恐怖・混乱に巻き込まれてしまい、クライエントのパーソナリティ変化を妨げることになってしまう。「あたかも」自分自身のことのように感じながらも、クライエントは独立した別の人格であることを忘れてはならない。

⑵ 来談者中心療法（CCT）から人間中心療法（PCA）へ

1）体験過程とフォーカシング

　ことばにならないレベルでの「今、ここで」感じている感情体験を**体験過程**（experiencing）という。カウンセリングでは、最初からクライエントの経験に十分な意味づけがなされているわけではない。

　例えば、自分でもよく分からないモヤモヤとした感情があるとき、そのモヤモヤに焦点を当て、ことばで表現していくことで感情を整理し、潜在的な意味を見つけ、問題解決の手がかりとしていくことができる。

　ロジャーズの共同研究者でもある**ジェンドリン**（Gendlin, E.T. 1926-2017）は、来談者中心療法をさらに発展させ、まだことばにならないようなからだで感じられる微妙な感覚（felt sense）に注意を向け、ことばなどの象徴に置き換え、そこに潜むメッセージを汲み取っていく「**フォーカシング**（focusing）」という独自の技法を完成させた。フォーカシングによる体験過程の象徴化は、クライエントの成長を促進していくことができる。

2）エンカウンター・グループ

　晩年のロジャーズは、**来談者中心療法**（CCT; Client-Centered Therapy）を応用した集団療法やコミュニティ形成に目を向けた。こうして生まれたのが**エンカウンター・グループ**である。エンカウンター・グループでは、個人療法よりもさらに個人の成長がより強調され、焦点が当てられていく。そのプロセスをみていくと、個人療法ではセラピストがクライエントを受容するプロ

セスが強調されるが、グループアプローチではメンバー個人がグループで受容されるプロセスが強調される。メンバー個人がグループ全体に「無条件の積極的関心」をもって受容される体験は、その後の個人の成長へとつながっていく。

その際、大きな役割を果たすのが**ファシリテーター**（中立的な立場からグループアプローチの支援を行う役割をとる存在）である。その基本的な姿勢は、来談者中心療法で挙げたセラピストの態度にかかわる6つの条件と同様である。「ファシリテーターがグループのメンバーを受容し理解している」ことが、グループにとって満足のいく進行に欠かせない要素である。さらに、グループアプローチにおいては、メンバー個人のみならず、グループ全体を有機体として捉え、個と集団の双方にかかわっていくことが重要である。

やがて、ロジャーズは自らの基本理念を**パーソン・センタード・アプローチ**（PCA; Person-Centered Approach、人間中心療法）と呼び、個人の枠にとどまらず、より大きな有機体としての人間の集まり（コミュニティ）へと、その取り組みを発展させていったのである。

文献
- マイケル・カーン『セラピストとクライエント——フロイト、ロジャーズ、ギル、コフートの統合』、園田雅代（訳）、誠信書房、2000.
- 小此木啓吾・深津千賀子・大野裕（編著）『改訂新版　心の臨床家のための精神医学ハンドブック』創元社、2004.
- C・R・ロジャーズ『ロジャーズが語る自己実現の道〈ロジャーズ主要著作集3〉』、諸富祥彦ほか（共訳）、岩崎学術出版社、2005.
- 佐治守夫・飯長喜一郎（編）『ロジャーズ クライエント中心療法』有斐閣新書、1983.
- 坂中正義「クライエント中心療法におけるロジャーズの中核三条件」、『人間性心理学研究』32(1)、5-11、2014.
- 坂中正義ほか（編著）『〈ロジャーズの中核三条件〉受容』創元社、2015.

（柳瀬洋美）

4 行動療法および認知療法・認知行動療法

　行動療法（Behavior Therapy）、認知療法（Cognitive Therapy）・認知行動療法（CBT; Cognitive Behavioral Therapy）は、心理療法のひとつで、客観的に観察できる行動を対象として捉え、学習理論に基づいて行われるものである。学校における生徒の行動、家庭の中の子どもの行動、スポーツ選手の行動、カウンセリングに来たクライエントの行動、教職員室の先生の行動、動物園やサーカスの動物の行動など、客観的に見えてくる「行動」を研究の対象としている。すなわち、人間を含めた動物全般に対して、行動の原理が実際にどう働き、どのように行動変容を導いていくか、あるいはどのように行動をマネジメントしていくかという行動分析に基づいて行われるものである。

　医療領域においても、「行動変容を促す保健指導」ということがよくいわれている。平成20年4月から「高齢者の医療の確保に関する法律」によるメタボリックシンドローム（内臓脂肪型肥満）の早期発見を目的とした健康診査（特定健康診査）が始められた。健康診査でメタボリックシンドローム、あるいはその予備軍とされた人に対して、保健指導（特定保健指導）の実施が義務づけられるようになった。その中で「動機づけによる行動変容」を促す保健指導の必要性が明記されている。

　この「行動変容」という言葉は、心理学分野において「学習とは経験によってもたらされる比較的持続的な行動の変容を意味する」というような使われ方をしている。とすれば、長年にわたる繰り返しで、しっかりと身についた行動様式の生活習慣であるからこそ、頭では分かっていてもなかなか改善しがたいものとなっている。それを効果的に行動変容につなげる保健指導はまさに「学習」の過程であり、そのノウハウは心理学領域における蓄積された研究からヒントが得られるものと思われる。生活習慣の保健指導には、条件づけといわれるような手続きで行動の変容が期待される「行動療法」のア

プローチは有用である。

(1) 行動療法

1) 行動療法とは

行動療法（Behavior Therapy）とは、1950年代末から60年代初頭にかけて、**リンズリー**（Lindsley, O.R. 1922-2004）、**ウォルピ**（Wolpe, J. 1915-1998）、**アイゼンク**（Eysenck, H.J. 1916-1997）らによって提唱された学習理論に裏づけられた一連の援助技法である。特にアイゼンクは実験的研究によって導かれた学習理論に基づく治療理論と治療技法こそ重要であると考え、行動療法を提唱した。それは、もともと行動療法は、「無意識」といった客観性を欠くことを対象とする心理療法への批判から始まり、従来の心理療法とは異なる客観性、数量化可能な行動を対象とすることで、人々に受け入れられるようになったという経過がある。

2) 行動療法の特徴

行動療法の特徴としては、以下の3点が挙げられる。

①客観的であることを重視して、観察可能（測定可能な、あるいは数量化可能）な行動または症状そのものを介入対象とする。

②行動は「刺激─反応」という結びつきの枠組みで捉えようとする。

③不適応行動は「誤った学習」または「適切な学習をしていない」がための結果と考え、そのような不適応行動の軽減や消去、または新たな行動の獲得を介入目標とする。

「療法」と称しているが、行動療法の技法は精神科・心療内科などの医療にとどまらず、種々のスキルトレーニング、習癖の改善、リハビリテーション、障害をもつ子どもの療育、犯罪者の矯正教育など、幅広い分野において利用されている。この場合、行動変容ないし行動修正という呼称が用いられることもある。

3）行動療法を裏づける学習理論と手続き

行動療法では対象や症状による様々な技法が用いられている。それぞれの技法の理論的背景である学習理論は「古典的（レスポンデント）条件づけ」「オペラント条件づけ」「観察学習（モデリング）」などが挙げられる。

① 古典的（レスポンデント）条件づけ

古典的条件づけというのはパブロフ（Pavlov, I.P. 1849-1936）の実験に示されるように、無条件刺激と条件刺激の対提示によって、もともと条件刺激に対して生じなかった条件反応を生じさせることをいう。この条件づけの考え方に従えば、人間の不適応行動は本来は持たなかったものであり、後天的に学習されたものとして説明されている。そこで、ある反応が生じる刺激場面でその反応と相容れない反応を生じさせれば反応が制止され、反応と刺激場面との結びつきは弱まる（これを「逆制止」という）ことを利用して不適応行動の改善を促せばよいと考えている。

例えば、視線恐怖を訴える人に、事前の面接で自分自身の不快・不安・恐怖に関係のある具体的場面を多く挙げてもらい、その不安を引き起こす程度が弱いものから強いものへと配列した「**不安階層表**」を作成する（表2-1-4）。

表2-1-4　対人恐怖における不安階層表（視線恐怖反応の一例）

No	問題場面	不安の強さ
10	商談相手の会社でプレゼンテーションをしている	90
9	上司を含む会社関係の人4人で食事をしている	80
8	家族4人で食事をしている	75
7	会社の食堂でどこに座ろうかと席を探している	65
6	会社の朝礼等の集会で並んでいる	60
5	会社の同僚と打ち合わせ相談をしている	50
4	デパートなどの人ごみの中を歩いている	30
3	勤務休み時間に、会社の廊下を歩いている	30
2	通勤時に、女性専用車に乗っている	20
1	早朝、人より早く、会社に出勤している	10

視線恐怖反応を訴える人の不安階層表である。具体的場面を想定させ、それらの場面における不安の強さを順に並べ、作成する。

次に、それとは別に**リラックス法**（漸進性弛緩法、自律訓練法など）によっ
て全身をリラックスさせる指導をする。そして十分にリラックスした状態で、
先に作成した不安階層表の不安の低い具体的場面を徐々に体験・暴露させて、
恐怖・不安といった過剰な感受性を系統的に弱めていく方法である。

この方法は「**系統的脱感作法**」といわれ、恐怖症、パニック障害には有効
とされている。が、不安や恐怖は必ずしも条件反射的に形成されるというだ
けではないので、すべての事例で効果が期待されるというものではない。

② オペラント条件づけ

スキナー（Skinner, B.F. 1904-1990）はラット、ハトを使って実験室内動物実
験を行い、オペラント条件づけとはその一連の操作を指す。動物を小さな箱
（スキナーボックス）に入れて、ある目標行動が生じたときだけに餌を与える
ことでその行動の発生頻度が高くなることを示した。この実験室内実験では、
反応の起こり方を自動的に累積記録することや、その行動に先立つ刺激（ブ
ザー、照明等）と行動に伴う結果とを客観的かつ数量的に分析することが可
能になったことが、スキナーの大きな功績といえる。

ある特定の行動（反応）をすれば餌といういわゆる「報酬」が与えられる
（これを「正の強化」と呼ぶ）ことで、ある特定の行動（反応）が形成される
ようになる。**オペラント行動**とは、人の自発的な行動を意味し、われわれの
行動の多くがオペラント行動となるわけであるか、あまりに習慣化されてい
るために、どのように条件づけされているかも意識されないことが多いよう
である。しかし、人間の行動には法則があり、その行動をした直後に「好ま
しい経験」をしたり、「快い気分」になったりすると、その行動が行う確率
が高くなるという法則性が成立する。このような行動に関する法則性を探究
する学問として「**行動分析学**」がある。

行動分析では行動の先行刺激（A）とその行動（B）に伴う結果（C）と
の関係を分析すると、行動随伴性のダイアグラムとして図2−1−5のように
示される。

「レバーを押す」という行動の前に先行刺激（A）としては餌（正の強化子

図2-1-5 スキナーボックス
行動随伴性のダイアグラム

図2-1-6 「脂っこい物を食べる」
随伴性のダイアグラム(弱化の場合)

「好子」)がなかったものが、その行動（B）に伴う結果（C）では餌が出現することその行動は強化され、「レバーを押す」行動は増大することになる。

次に、「脂っこい物を食べる」という行動随伴性を考えてみよう（図2-1-6）。先行刺激として胃痛（不快な負の強化子「嫌子」）はなかったところが、脂っこいものを食べるという行動に伴い、胃痛が出現することで、嫌子（自分にとって不快な刺激）が出現して「脂っこい物を食べる」という行動の発生頻度が少なくなる（弱化された）というダイアグラムが考えられる。

次に健康の保持・増進に好ましい行動が増えるように「強化」の場合を考える（図2-1-7）。体型的に「メタボリックシンドローム」を疑われる人にしてみれば「メタボ」と同僚、医療保健スタッフから指摘を受けること、これ自体がストレス刺激（不快な負の強化子「嫌子」）であったところが、「定期

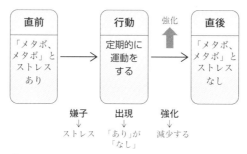

図2-1-7 「定期的運動をする」随伴性のダイアグラム（強化の場合）

的に運動をする」ことで、腹部脂肪が減り見た目でも「メタボ」と指摘されることがなくなった。このことは、「嫌子」消失で「定期的に運動をする」行動の発生頻度が増える（強化された）というダイアグラムが考えられる。

　このような行動分析による保健指導の方法は行動変容を伴うと考えられ効果的なものとなりえる。

③ **観察学習**（モデリング）

　教育場面でも困った問題としていじめ・攻撃行動がある。1960年代の初め、**バンデューラ**（Bandura, A. 1925-）は攻撃行動をテレビ等で見た（観察する）群は、攻撃行動を見なかった（観察しなかった）群よりも攻撃行動の発生頻度が多くなったという「観察する」ことに関する一連の研究を発表し、必ずしも直接経験しなくても、あるいは強化が与えられなくても、他者の行動を観察することによって学習が成立するという観察学習（モデリング）を示した。

　さらに、実際に行動や経験をしなくても、他者の行動観察によって形成された個人のもつ概念・信念・意図などが、その人の行動変容にいかに影響していくかということに発展させて、集団の変化として社会化とパーソナリティ発達の問題への適用できることを実証した。

　すなわち、教育あるいは保健指導の際に、

　　説明→モデリング→繰り返し（トレーニング）→フィードバック

という個別プログラムを作成していくことが重要な過程であると考えられる。

④ **行動療法**の活用

　代表的な学習理論「古典的（レスポンデント）条件づけ」「オペラント条件づけ」「観察学習（モデリング）」を紹介してきた。これらの学習理論、行動理論を基盤にして、頭では分かっているのに行動に移せないというような場面で、自分のとるべき行動を言語化する**自己教示**という**セルフコントロール技法**や、最終的に目標行動に結びつくような反応をスモールステップで段階的に形成する**シェイピング法**、望ましい行動に対する強化子として**トークン**（ごほうび。ポイント、コインなど）を与えて、一定の分量を集める目標行動

の獲得と同時に、希望する強化子と交換できるというような**トークンエコノ
ミー法**といわれる方法がある。

4) 行動療法の限界、批判

行動療法には、従来の「無意識」「主観的」であるという心理学的側面を
できる限り削っていこうという姿勢が受け入れられた過程がある。そして、
比較的、短期間に行動変容の効果が得られること、手続きが明解で、客観的
指標による効果測定が可能であることから、有用性が蓄積されてきたが、そ
の一方で、行動療法に対する批判もある。

ひとつは、動物実験の所見をそのまま人間に適用していいものだろうか、
人間の行動は、「刺激―反応」という単一的なものではないのではないか。
さらに、効果は一時的なものであっては困るのでその後のフォローが必要で
あること、プログラムという機械的操作のみに限らず相談者と援助者との関
係性も大事な決定要素となることも指摘されている。

最近は相談者―援助者との関係性も行動変容に大きく影響することが認め
られ、相談者―援助者の関係性を重視した行動療法の発展したものになって
きている。客観的な行動のみを対象とするにとどまらず、「物の考え方」「認
知の過程」への介入（例えば認知行動療法）を行うことで一層、効果的な行
動変容につながるものとされている。

⑵ 認知療法・認知行動療法

1) 認知療法（Cognitive Therapy）・認知行動療法（Cognitive Behavioral Therapy）とは

人間の気分や行動は認知（ものごとの考え方・受け取り方）によって影響を
受けるという理解にもとづいて、①その認知のあり方を修正し、②問題に対
処することによって、③気分の状態を改善させる、を目的とした短期の構造
化された精神療法（心理療法）である。

従来の行動に焦点を当てた行動療法から、1960年代からエリス（Ellis, A.

1913-2007）の論理療法や、ベック（Beck, A.T. 1921-）の認知療法や、日本では大野裕（1950-）らが認知に焦点を当てた認知行動療法へと発展してきた。

2）認知のレベル──自動思考、スキーマ

　認知について、自動思考とスキーマという用語から説明していきたい。

　私たちが日常的に、なかば自動的に行っている主観的判断に注目する。つまり私たちは、自分が置かれている状況を絶えず主観的に判断し続けている。**自動思考**とは、日常のなかで自然に頭に浮かんでくる考え（言葉・イメージ・記憶）をいう。

　例えば「会社に行ってもつまらない」「私にこの仕事ができるわけない」「この仕事を失敗するなんて情けない」といった、ふっと湧いてくる思いであり、それは個人的なもので、その状況や場面に大きく左右される。その思いが合理的な場合もあるが、ストレスがかかっているときはネガティブな方向に偏りが生じる場合がある。強いストレスを受けているときや、うつ状態に陥っているときなど特別な状況下では、認知に歪みが生じてくる。その結果、抑うつ感や不安感が強まり、非適応的な行動が強まり、さらに認知の歪みが引き続き起こされるようになる。

　スキーマ（Schema）とは、思考が生まれるもととなる、常に存在する特徴的で絶対的な見方であり、「私は人から嫌われやすい」「私は無能だ」「私はいつも完璧でなければならない」というような、心の奥底に常に存在する自分特有の絶対的な世界観・価値観で、潜在的な心のルールとして作用する。

　このような自分自身の主観的な思考や認知のあり方に偏りがあるがために適応的な行動がとれず、苦しんでいる治療対象者の中には、うつ病や不安障害などの精神疾患に認知行動療法が有効であるというエビデンスが多く報告されている。

3）認知療法・認知行動療法への導入

　来談者（クライエント）と向き合って、次のような段取りで行う。

①発言に現れる悲観的な「自動思考」に注目する。

②否定的な思考と気持ちの関係に気づいてもらう。

③認知療法の説明を、来談者の体験に沿って具体的に行う。

④思考について検討することを提案する。来談者が納得の上、心理療法が展開されていく。

　具体的には、以下のような問いかけをしながら面談やホームワークの課題をしていく。

　心が動揺したとき、頭に浮かんでいる考えを取り出して問いかける。「根拠の検証」が開始される。その証拠はなにか、「その考えを裏付ける事実にはどのようなものがあるのだろうか」「反対の事実はないだろうか」と、ひっかかる個所について［根拠］［反証］を行う。

　次に、結果について考える。「それはどの程度重要なんだろうか」「それが本当だとして、どんなひどいことが起こるのだろうか」「違う行動をすれば、何か困ったことが起きるんだろうか」と、再び起こるだろう結果について、［根拠］［反証］を行う。

　それに対して、代わりの合理的な考えを見つけだす。「自分が最初考えた以外の説明の仕方はないだろうか」と［適応的思考］を導き出す。〝今これしか考えられない〞と窮地に陥り悩んでいたものが、いくつかの選択肢があるのだと認知したことによる余裕から、安心感にもつながることとなる。

文献

・無藤隆・森敏昭・遠藤由美・玉瀬耕治『心理学』有斐閣、2004.

・大野裕・日本産業衛生学会「産業現場に生かす認知療法・認知行動療法」2016年6月.

・坂野雄二（編）『臨床心理学キーワード』有斐閣双書、2002.

・下山晴彦（編）『よくわかる臨床心理学』ミネルヴァ書房、2003.

・杉山尚子・島宗理・佐藤法哉ほか『行動分析学入門』産業図書、1998.

（松井知子）

5 関係状況療法

(1) 関係学の視点と関係状況療法

　人間は孤立した個人のみで存在するのではなく、絶えず周囲の状況となんらかのつながりにおいて存在する「関係的存在」と考え、様々に起こる人間現象・問題を関係科学的に解明し、人間の諸活動の発展をもたらしていこうとする考え方があり、それを「関係論」あるいは「関係学」という。この関係学では、実際（実践）の体験的事実から、その実践の発展をもたらした方法（技法）や考え方（原理）を明らかにし、また、明らかにされた方法や考え方を日々新しく展開する実践に生かしていくといった、実践・技法・理論の相互的発展、創造が目指されている。

　現実の複雑な諸問題への具体的な関与・解決を目指すことにおいて、関係学は非常に臨床的特色をもっている。したがって、この関係学（理論・技法・実践）を学ぶことは、現実に今ここで起こっている出来事に際して、事実に即して自分が実際にどのように捉え、かかわっていくことが発展に結びついていくのかについて学ぶことができる。それはまた、柔軟な視点や具体的な方法を提供し、臨床者としての基本的な資質や技能を養っていくうえでも役に立つであろう。

　松村康平（1917-2003）により創始された関係学理論は、心理臨床分野では関係状況療法として位置づけられ、今日、心理劇、集団指導（療法）、相談（カウンセリング）、遊戯療法、看護活動などにおいて展開している。ここでは、特に人間関係の心理臨床に関連すると考えられる2つの視点、すなわち関係状況におけるかかわり構造、および三者関係的把握について述べていく。

⑵ 関係状況におけるかかわり構造

乳児は世話する人からミルクをもらって育つ。この場合、乳児が生命を保ち育っていくためには世話する〈人〉のかかわり、ミルク〈物〉のかかわり、ミルクを受けとり自ら飲む〈自己〉のかかわり、いずれも不可欠である。そしてこの乳児がどのように育っていくかは、これらの自己と人と物とのかかわり方に大きく影響される。

この自己・人・物、そしてこれらが複合的に関係し合う関係状況におけるかかわり方には、次のようなかかわり方がある。

かかわり方は5つのタイプに類型化できる（10頁参照）。

①内在的かかわり方……包み、包まれて変化する関係の仕方。

②内接的かかわり方……即して変化する関係の仕方。

③接在的かかわり方……相互にかかわることで、独自性が生かされて変化する関係の仕方。

④外接的かかわり方……相互に独自にかかわってそれぞれに変化する関係の仕方。

⑤外在的かかわり方……それぞれが独立に（全体状況に）あって変化する関係の仕方。

自己・人・物が相互にかかわり合って発展し、接在関係状況が顕在化していく例について、5つのかかわり方から、さらに詳しく説明してみよう。

〈事例1〉関係状況療法（集団活動）におけるある少年のかかわり

　　　ある集団活動において、現実の世界や周りの誰からも隔絶し、まるで自分の世界のなかに入りこんでいるかのように見える少年（15歳）がいた。

　　　彼における臨床的課題のひとつは、対人的コミュニケーションの発達を促すことであった。彼は周りの人やセラピストと視線を合わせず、部屋に入ると直ちに5段ほどある階段を上り、部屋の一角にあるバルコニ

ーで皆には背を向け、無表情に窓から外を眺める。それが何回か続いた。あるとき、その部屋にいる他のセラピストや仲間たちが輪になって手をつなぎ音楽に合わせぐるぐる回っていたら、彼は後ろ向きだった身体の向きを皆の方に変え、バルコニーから皆を見てニコニコと笑った。それまで彼のそばで何とか彼に近づこうとしても近づけないと感じていたセラピストは、そのとき初めて少年と自分と周りの世界、集団とのつながりを実感し、少年と共にいる関係状況が見えてきたという。

　この事例からは、次のようなことが捉えられる。すなわち、バルコニーに閉じこもり、周囲の集団と全く隔絶していたかのように見えた彼は、彼なりの「離れている」（外在する）というあり方でずっとセラピストや集団状況とかかわりをもっていたということである。

　そのときのセラピストは、バルコニーに彼と一緒に入り、彼との適当な距離を見計らいながら彼を見守り、時折外を眺める様子の彼に寄り添って「桜の木があるねー」などと軽く声をかけていた。バルコニーという適度に離れた空間は、様々に押し寄せてくる人の圧力をやわらげる機能ももつ。少年はバルコニーで外と窓を通して疎通しながら、背後で集団のざわめきやセラピストが傍らにいて見守り、時折柔らかな声でささやく気配を感じていたにちがいない。

　あるとき、音楽が集団全体を包むように聞こえてきた。それに惹かれて向きを変えた彼は、音楽とともに動く仲間たちの姿に視線を合わせ、笑ったのである。そのことをきっかけに、彼は大きく変わり始めた。数回後の活動では、バルコニーと床の間にある長台へと移動し、セラピストがつくった道をたどって仲間がおやつを食べるコーナーに参加し一緒におやつを食べ、セラピストの仲立ちで、仲間のコップにお茶をつぐなどのやりとりも行うようになった。当初の、対人関係の確立が困難な状態から、集団状況で安心できる居場所ができ、そこから一緒に活動を楽しみ、物を介してのやりとりができるまでに成長がなされたのである。

このように、人（自己）は、どのようなあり方をしていても、今ここで、他の人、物とかかわり合い、関係状況を共に担い、感じ、ふるまい、認識する存在である。

彼に成立している関係状況を整理すると次のようになる。

自己とのかかわり：バルコニー（安全基地）に守られ、安定する〈内在的かかわり方〉の段階からやがて、聴覚的、視覚的な刺激を仲立ちとして集団を感じ認識する〈内接的かかわり方〉段階、道をたどりおやつコーナーに移動し交流する〈接在的なかかわり方〉段階。

人とのかかわり：バルコニーを介してなら、セラピストや集団が近くにいてもいやではない〈外接的かかわり方〉段階、集団に気づき眺め、それが心地よい〈外接的・内接的なかかわり方〉段階、さらにおやつを一緒に食べたり、お茶のやりとりをする〈接在的なかかわり方〉段階。

物とのかかわり：バルコニーの階段を上り、そこに安定する〈外在的かかわり方〉段階、さらにそこから見渡す、音楽や集団の形態的刺激に敏感に応ずる〈外接的かかわり方〉段階、通路を渡り、コーナーでおやつを食べ、お茶を他の人のコップにつぐ〈接在的なかかわり方〉段階など。

全般的に、内在的、外在的なかかわり方から接在的なかかわり方への変化の過程がみられる。

その間、彼の関係状況の発展に向けて様々なセラピストの技法、環境設定の工夫が捉えられる。彼の今・ここで関係状況に存在するあり方として、まず、ありのままに肯定的・多面的に捉えかかわるような外接的・内接的なかかわり方、さらに発展・発達の方向を洞察し、関係状況に働きかけ、かかわりの活性化・発展を促し、発達を援助するような接在的なかかわり方など、現在のクライエントの状況の関係の発展を促す治療活動を行っていくことに関係状況療法の特色がある。彼自身が安全基地として選んだバルコニーという空間、音楽に包まれたリズミカルにまわる円形集団という構造的、感覚的性質を帯びた、長台や積み木の道などの通路的な機能をもった「物的なもの」とのかかわりを進めるなかで、またそれを仲立ちとして人との出会いが

促進され接在的なかかわりが可能となり、自己の世界、行為の仕方の獲得、可能性を広げていくという治療方法（かかわり方）が浮かび上がる。このように関係状況療法においては、今ここで存在、活動、生活する人間とその関係状況の相即的生成、変容、発展に関する理論、技法、実践が基盤となっている。

なお、関係状況療法の基礎となる理論については、第1章第1節（2頁）を参照されたい。自己・人・物、集団状況とのかかわりの活性化、発展を促し、発達を援助し、治療活動を行っていくことに関係状況療法の特色がある。

(3) 三者関係的把握と展開について

1）移行対象について

人間関係の発達と心理臨床について考えるとき、三者関係的に人間を理解し、発達を援助していくことは大変重要なことであると考える。

ここでは、**ウィニコット**（Winnicott, D.W. 1896-1971）が対象関係論の立場から子どもと母親、内的現実と外的現実の間に移行対象（物）の存在を意味づけていったことは、乳児（自己）と母（人）と物（移行対象）との**三者関係の展開**をみることができると考え、下記に紹介する。

ウィニコットによれば、生まれたばかりの乳児は母親と一体の状態にあり、つまり母親への絶対的依存の状態にある。そしてこの依存は①抱っこ（holding）、②母親と乳児が互いに独立した個人としてともに生きる（living with）、③父親、母親、乳児の三者がともに生きる、という3つの段階をたどって発達する。その際、乳児に潜む生得的潜在力は適切な発達促進環境を与えられる場合において発現する。この過程における目標は、自我の統合、精神と身体の統合、対象との関係の発達である（ウィニコット、1979）。

ウィニコットのいう適切な発達促進環境、とりわけ適切な母親とは「ほどよい母親」（good enough mother）、すなわち乳幼児の求めるものを読み取って適切なときに与える母親の対応であり、育児の本質をわきまえてそれに没頭できるごく普通の母親のことである。例えば、母親と乳児の最初の関係に

おけるほどよい母親の機能を抱っこすること、あやすこと、対象になること、と分類している。そして母子関係の絶対的依存の段階（一者関係）から共に生きる段階（二者関係）への移行、その中間に位置する過程として「**移行現象**」（transitional phenomenon）と「**移行対象**」（transitional object）の概念を提起した。

移行現象とは、生まれたばかりの乳児の握りこぶしを口に入れる行為から始まり、人形や柔らかいまたは硬い玩具への愛着など、子どもが最初に自分でない所有物を扱う現象を意味する。そして移行対象とは、乳幼児が母親の代理として愛着を示す人形、ぬいぐるみ、ペットのような対象を意味する。この移行対象に関する考え方は、**幻想**（illusion）と**脱幻想**（di-illusion）に関する理論を基礎としており、内的現実（乳房は自己のものであると幻想すること）と外的現実（乳房は母親のものであるということ）を区別し、相互に関連づけるようになるための中間的領域として、この乳幼児期の移行現象がある。

移行対象と移行現象は、乳幼児が自分の創り出すものは現実に存在するのだという幻想をもつことを許容する、ほどよい母親によって存在可能になる。乳幼児期において、この中間領域が子どもと世界との関係の習得に不可欠なものである。この体験の中間領域は、内的現実かそれとも外的現実に属するかを問われるものではなく、幼児の体験の大きな部分を占め遊ぶことへと発達し、さらにその後生涯を通じて芸術、宗教、想像力に富んだ活動体験の中に保持されていくと考えられている。

2）三者関係の重要性――関係学（論）から

関係学では、人間は**三者関係**（自己―人―物、父―母―子、個人―集団―社会など）を基盤として発達すると考える。三者関係は、一者、二者関係とは本質的に異なる特徴をもつ。三者関係においては、関係の通路、かかわり方の可能性が飛躍的に拡大するのである（図2-1-8）。

例えば、親子関係について考えてみよう。親子関係もまた、他の場合と同様にその関係の成り立ちから、父と母と子、子と親と物（環境、社会）、子と

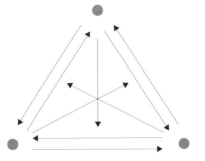

図 2-1-8　三者関係によるかかわり方の可能性

きょうだいと親、などの様々な関係性において成り立つ三者関係的特質をはらんでいる。日常の具体的な場面においても、これらの三者関係性を明確化すると、二者間の対立・支配従属関係などの固定化した関係に対して他者がかかわる通路が開かれる。複雑な人間関係の危機や問題を解決していくには、この三者関係の認識、技法の開発が有効である。

この原理による**三者面談法**は、1960年ごろから、松村康平により考案され、現在では教育・臨床の場などで用いられている。今日、親子や家族、学級集団、組織などにおいて閉鎖的な人間関係に追い込まれていくことがまた、様様な心理臨床的な問題を生んでいるひとつの要因ともなっている。心理臨床的問題の基本的把握と解決において、三者関係の認識と技法は、閉鎖的・連鎖的な関係をときほぐし、豊かな関係性を築いていくための重要なきっかけとなっていくであろう。

(4) 関係状況療法にかかわるセラピストとしての基本的要件

ここでは、特に子どもを対象とする関係状況療法を進めるうえで、セラピストとして認識しておくべき基本的な考え方と方法を述べる。

松村康平は、子どもの臨床活動に携わる臨床者にとって次のような認識とかかわり方が重要であると述べている。

① 子どもは著しく関係的存在であることを認識し、臨床活動を展開しなけ

ればならない。したがって、臨床活動には、ａ：日常生活で関係の密接な人、例えば母や父などの参加をはかること、ｂ：子どもたちの集団活動を活用して臨床活動の効果を上げること、ｃ：子どもとの関係で発現される物の機能を明らかにし、物媒介の活動をさかんにすること、ｄ：関係発展をもたらす技法を見出し、それを使って臨床活動を促進すること、ｅ：検査・診断などの用具を使用するときは、検査・診断だけにとどまらず、子どもとの関係の発展が同時にもたらされるよう教育的・治療的な意味をもたせて用具を使用し、またそのことにふさわしい用具の製作を進めなければならないこと、などが重要である。

② 臨床活動は、その背後にある物的環境、社会的・経済的条件に規定され、またその客観的現実を軽視してはならないが、一方でそこには、規定されても規定されつくせない人間関係活動が展開する。その活動の発展が、臨床活動に参加する人たちと客観的現実との関係を変え、変革への意欲を増進させる。

③ 三者関係の認識および三者関係の技法により、臨床活動の可能性は増大する。

④ 現在（今・ここで）の関係において課題を新しく成立させ、未来の方向において解決していくこと。問題児は存在しない。臨床活動において、その子どもとの関係の成立する以前の問題は、今・ここでの関係にとって過去であり、その過去の問題を、今・ここから働きかけても、今・ここでの関係を発展させることはできない。今・ここでの関係の発展をはかるのに必要な問題を成立させ、その解決にあたることが重要である。

　また、多面的な関係認識を成立させると、子どもを問題視することから脱却できる。例えば、友達の関係では乱暴で困ると問題視しそうな場合、物との関係では物の扱い方が優れていたり、自己との関係では自主性が伸びていると捉えることもでき、それらのよさを伸ばすことにおいて、問題視されるものの変化をもたらす臨床活動が展開できる。

⑤ 評価や診断は関係の発展をもたらすよう、**診断即治療活動**を展開する。

関係の外側からの客観的な評価や診断の必要とされる場合にも臨床者は、子どもとの内的関係の発展を心がける。例えば、知能検査を実施して、子どもに問題解決不可能なままで終わらせるのではなく、検査の終了後に、適当な成功経験の成立の可能な課題を用意し、関係の継続的発展をもたらし、診断や評価による分離や離脱を防ぎ、教育・治療活動を促進する。

⑥ 状況における関係の発展が人間理解を可能にする。人間理解は、状況における関係体験を共にし、関係の発展に参加する役割体験において明確になる。三者関係的、相互共存的人間理解は諸関係の発展を意味し、その発展が関係体験を共にした成果であることを相互に認識し合えるところに、理解が成立する。（松村、1971）

文献 ─────

・松村康平「児童臨床の方法──児童臨床者の資質要件」、石井哲夫（編）『児童臨床心理学』垣内出版、1971.
・土屋明美（監修）・関係状況療法研究会（編）『関係状況療法』関係学研究所、2000.
・D・W・ウィニコット『遊ぶことと現実』、橋本雅雄（訳）、岩崎学術出版社、1979.
・吉川晴美「個と集団の関係──見つめる行為とその発展について」、『集団精神療法』第8巻第1号、1992.

（吉川晴美）

6 心理劇の特色と方法

本書は、人間関係の理解と臨床をテーマとし、その理論と方法を詳細に述べている。ここでは、各章に取り上げられている心理劇（psychodrama）について、その特色と方法を述べ、理解を深めていきたい。

心理劇は、**ヤコブ・モレノ**（Moreno, J.L. 1889-1974）により、1920 ～ 30 年代にかけて創始された。モレノは 1924 年、ウィーンに初めて即興劇場（自発性の劇場）をつくり、その後、1925 年にアメリカに移住、1936 年にはビーコンのサナトリウムに治療を目的とした**サイコドラマ劇場**を開設した。

第一次大戦中に哲学および医学の学生であったモレノは、ウィーンの町の公園で遊んでいた子どもたちの即興劇と自発的表現に夢中になり、そこに心身の治療的効果を発見した。対人関係における情動的かかわりの重要性について考察し、アメリカに移住後、**ソシオメトリー**を考案し、人間関係の構造とその相互関係の療法的変容をめざし、心理劇を組織的に発展させた。

心理劇は、①個人の心理療法から対人関係の療法、集団心理療法への移行、②自発性・創造性の理論、役割の理論などを基盤とする、③自発性に基づく劇的表現の方法をとる、④人々の、今・ここでの出会いの力動、自発的相互関係（一様態である**テレ**）に着目する、⑤人間関係の構造をソシオメトリーにより捉え構成する、などにその特色がある。

日本では 1950 年代から普及し発展を遂げ、今日ではひろく心理臨床・教育などの方法として、様々な領域や場で活用されている。

心理劇の日本への導入に力を尽くした一人である松村は、心理劇のねらいについて「今、ここで新しくふるまうことが重視される。自発的・創造的にふるまうことのできる人間形成がめざされる。心理劇では、そこに成立している対人関係が発展し、そのことにおいて関係の担い手としての個人が伸び、その個人が伸びることが対人関係を発展させるという体験、その体験を豊富

にすることができる方向へ、周囲の状況を変革していく、その意欲が関係体験を通して育ち、それを実現する態度が、今ここで、新しくとれるようにする」（村松、1961）と述べている。

また、心理劇は、そのねらいや立場、必要性に応じて様々な展開の仕方が可能であり、心理劇のタイプとして、①自己―関係心理劇（例：主演者中心の心理劇）、②人―関係心理劇（例：グループ中心の心理劇）、③物―関係心理劇、課題解決の心理劇、③状況―関係心理劇（例：関係状況療法としての心理劇）、⑤核心心理劇（例：価値心理劇）に分類している（松村、1991）。

心理劇は、次の5つの役割構成によって行われる。

　①舞台……劇を展開させる空間。本絡的には3段舞台、バルコニーのついた舞台がある。

　②演者……即興的に劇を演ずる役割。自発的に演ずることが重視される。

　③監督……劇の演出、助言を行う。場面設定、役割付与、役割交代などの方法で心理劇の全体の進行に主導的な役割を果たす。

　④補助自我……監督や演者の補助者として心理劇の発展を援助する役割。

　⑤観客……劇を「見る」役割をとって、心理劇に参加する。

人間関係の心理臨床においても、これらの心理劇の役割は重要な働きをする。心理劇において、上記の役割構成を基本として、即興的なドラマの登場人物の役割が展開する。そこではクライエントの抱える問題にかかわるドラマ、役割による様々な局面の人間関係が演じられ、体験されることにより、クライエント自身の気づきが促進される。問題が明確化され、人間関係の改善が図られることにより、問題の解決が導かれていくようにする。

心理劇の5つの役割はどれもが心理劇の展開、発展において重要であるが、特に補助自我の機能は心理劇独特のものである。補助自我の機能について、ヤコブ・モレノの妻である**ザーカ・モレノ**（Moreno, Z.T. 1917-2016）は、「クライエント（主役）の必要とする役割を引き受けて劇を完全なものにする。クライエントが自分自身とその場にいない人との基本的問題を明白にしたり、関係を感じとれるようにする。クライエントの対人的、内的にも、より深い

調和に導く治療上の役目を果たす。クライエントを現実の世界に再統合化する橋渡しをする」などと述べている（Moreno, Z.T. 1978）。

　補助自我の行う重要な役割として、クライエントの分身となる「**ダブル**」（二重自我）、「**ミラー**」（鏡）の役割がある。ロイツ（Leutz, G.A.）によれば、「ダブルは、例えばクライエントが自分自身で表現できない感情の表現を行う。母が乳児に対して行うように、共感的結びつきの中でとり行う」のである（ロイツ、1989）。

　心理劇は、通常、①導入（ウォーミングアップ）、②展開（劇、演戯）、③終結・統合（フィードバック、シェアリング）の過程において行われる。これらの過程で得た様々な役割体験が、集団のメンバーによって相互に共有されるよう、個人と集団の関係に配慮することも重要である。集団の場で共感された体験、また様々な役割体験は、現実の生活においても自分自身と他者とに対する信頼感を高め、多面的な関係認識を育て、自発的創造的な役割行為を促していく。「人間関係の理解と臨床」にかかわる「臨床者」「教育者」について、様々な問題について発展的に解決を図っていくための方法であると同時に、その資質の育成・養成に役立てていくことができるであろう。

文献
・松村康平『心理劇——対人関係の変革』誠信書房、1961.
・松村康平・斎藤緑『人間関係学』関係学研究所、1991.
・J・L・モレノ『サイコドラマ』、増野肇（監訳）、白揚社、2006.
・Moreno, Z. T. The function of the auxiliary ego in psychodrama with special reference to psychotic patients. *Group Psychotherapy, Psychodrama and Sociometry, 21(1)*, 63-166, 1978.
　三原ひろみ（訳）「サイコドラマにおける補助自我の機能——特に精神病患者について」、『サイコドラマ（現代のエスプリ198）』至文堂、1984.
・グレーテ・A・ロイツ『人生を舞台に』、野村訓子（訳）、関係学研究所、1989.
・吉川晴美「集団心理療法」、『子どもの発達と心理療法』樹村房、1997.

（吉川晴美）

第2節　人間関係の生涯発達

⑴ 人間関係の発達とは

人間関係の発達とは何か。人間関係の発達は、人間の身体的・心理的・社会的な発達すべてに深く関連する。そこで、まずは人間の発達とは何かについて考えてみよう。

人間の発達に影響する要因として、生得的な遺伝や成熟という神経学的、生物学的要因を重視する見方や、それに対し後天的な学習や環境的要因を重視する見方など、様々に論議、研究がなされてきた。そして今日は、素質と環境の相互作用により発達がなされていくという説が一般的である。人生のなかで発達現象が著しく顕在化するのは、子ども期である。その発達要因として、**マッセン**（Mussen, P.H. 1922-2000）らは、①遺伝的に決定された生物学的要因、②非遺伝的な生物学的要因、③過去における学習、④直接の社会的・心理的影響、⑤総体的な社会的・文化的な環境、を挙げている（マッセン、1986）。

人間関係の発達についても、①から⑤までに挙げられた発達要因が考えられるであろう。また、特に人間関係という視点からは、胎児期からの②〜⑤までの生物的・心理的・社会的な要因、環境をよりよくしていくことが、その発達に大きく影響するであろうと考えられる。発達とは「一連のパターン化された変化」であり、変化の仕方には、何らかの一定の過程や法則性があり、そこには構造的機能的変化、すなわち、有機体（現象）の構造や機能が分化したり、連結したり、統合したりして、構造化がなされていくことを意味する。

松村康平は、その関係学的立場から、「人間の発達」について、「（自己・

人・物の）接在共存状況の志向的発展過程である」と述べている（松村、
1979）。

このような**発達の原理**を前提に、人間関係の発達について考えてみよう。
人間関係の発達は、生涯を通して行われていくものである。人と人との間の
みに起こるだけではなく、同時に人間の自己・人・物との関係の発展を目指
す過程において実現されていく。その変化の仕方には、何らかの一定の過程
と法則性があり、関係の構造や機能の変化をともなうといえる。

発達にかかわる現象や状況を全体的によくみてみると、人間関係は様々な
発達的側面と深く関連し、発達全体を支える重要な役割を果たしていること
が分かる。教育、保育や発達心理、発達臨床などの立場からも、人間関係の
発達とその理解と臨床がいかに重要であるかが問われている。

⑵ 人間関係の生涯発達の諸段階

発達段階と発達課題

人間の生涯の発達を展望するとき、誕生から死までの人間の一生の過程の
発達的変化は、直線的変化ではない。ある特徴や構造を共通とする段階とそ
れにそった発達課題がある。この**発達課題**という概念をはじめて提唱したの
は、**ハヴィガースト**（Havighurst, R.J. 1900-1991）である。

人生においてこの発達段階や課題はどのように変わっていくのであろうか。
人間関係の発達において、特に発達段階・発達課題について重要な考え方と
して次の①〜⑥を挙げる。どの考え方も、子どもと環境との関係性、その発
達変化と成長を理解するうえでヒントとなるであろう。

①ある段階の課題を学習すれば、次の段階への移行は順調に進むが、課題の
　達成に失敗すれば、次の段階の課題の達成も困難となる（ハヴィガースト、
　1997）。

②発達のある段階から他の段階への転換点においては大なり小なりの［危機
　時代］が存在し、それは、発達が次の段階に転換していくうえで重要な過
　程である（ヴィゴツキー、1980）。

③発達のある時期から他の時期への移行は、まず現実に対する子どもの関係の変化、子どもとおとなとの関係の変化、子どもの主導的活動の交替である（エリコニン、1977）。

④発達段階は個体と環境との相互作用である同化と調節を通して、その段階の構造が構成され転換されていく（ピアジェ、1977）。

⑤発達のそれぞれの局面は、子どものもっている能力と環境との間にある関係の系であって、この関係の系が子どもの能力と環境とを相互に明確にする（ワロン、1983）。

⑥人間のパーソナリティは、精神、身体、社会、文化、歴史といった多次元的な側面から段階的に形成されるとし、ライフサイクルの観点から人生段階と発達課題を対概念から捉える（エリクソン、1983）。

文献

・E・H・エリクソン『自我同一性』、小此木啓吾（訳）、誠信書房、1973.
・D・B・エリコニン『ソビエト・児童心理学』明治図書、1977.
・R・J・ハヴィガースト『ハヴィガーストの発達課題と教育』、児玉憲典（訳）、川島書店、1997.
・井上健治『子どもの発達と環境』東京大学出版会、1990.
・松村康平「発達と接在共存」、五味重春ほか（監）『幼児の集団指導——新しい療育の実践』日本肢体不自由児協会、1979.
・松村康平・斎藤緑『人間関係学』関係学研究所、1991.
・村井潤一ほか（監修）『発達心理学事典』ミネルヴァ書房、1995.
・P・H・マッセン『発達心理学』、三宅和夫（訳）、誠信書房、1986.
・B・M・ニューマンほか『新版　生涯発達心理学』、福富護（訳）、川島書店、1988.
・J・ピアジェ『発生的心理学』、芳賀純（訳）、誠信書房、1975.
・L・C・ヴィゴツキー『子どもの発達の年齢区分の問題』、柴田義松・盛岡修一（訳）、明治図書、1980.
・H・ワロン『子どもの精神発達』、竹内良知（訳）、人文書院、1983.
・吉川晴美「人間関係の発達とは何か」、『新訂 人間関係』不昧堂出版、2000.

（吉川晴美）

1 胎児期の人間関係の発達

　胎児は、子宮内の羊水に身をゆだねながらも、依存的存在のままではなく、誕生のその瞬間のために、羊水を吸ったり吐いたりして呼吸練習をしていたり、自らの腎臓できれいにした尿を子宮内に排出し、羊水を循環させ、胎内環境を保つ自助活動を行っている。また、胎児は子宮の中で温かく包まれているが、胎児のほうが羊水より0.4度ほど体温が高く、胎児は子宮の中にいるときから胎外での生活に備え、すでに自分で熱を作る機能を働かせている。このような胎児の内部的感覚を通してばかりでなく、胎児の聴覚を通して、母親の動脈の音や話し声、また外部の音なども届いているという。

　このように、胎児と母親との人間関係は、相互の身体を通して密接にかかわり合いぴったりと包み合う関係である。松村によると、子ども（胎児）は「自分と人と物の関係が母胎につつまれ、内在的なあり方をして成長する」（松村、1983）のであり、将来の大きな発達の転換点（誕生）に備え、自ら母胎に働きかけ、母胎もそれに即応して胎児の発達を促していく関係にあることが分かる。

文献 ───────────────────────────
・松村康平（監修）『心の育児学』講談社、1983.

（吉川晴美）

2 新生児期～乳児期の人間関係の発達

(1) 発達の基盤

「自分・人・物」の関係が母胎に包まれ、内在的なあり方をして成長してきた胎児は、出産する人（母胎）、出産を援助する人々に支えられ、自ら誕生へと向かう力強い方向性（生命力）のもと、この世界に誕生する。そして、対人的には胎内の主として生理身体的世界から、胎外の、心理的・社会的世界へ、すなわち外界の人や物、そして自己自身にかかわり、生活し始める。

生物学者のポルトマン（Portman, A. 1897-1982）によれば、他の動物に比べ、人間の新生児は、様々な潜在能力をもちながらも、おとなの保護なしでは生存すらおぼつかない状態で生まれてくることから、生理的に1年早産した状態で生まれてくるのではないかとする（ポルトマン、1961）。それが人間が人間として高度で複雑な発達を遂げていくゆえんとなる。本来は、胎内で過ごすべき1年間を、社会のなかで、緊密な人間関係を通して、外界とのかかわりを発展させ、胎内ではできないような社会的発達を遂げていくのである。

ワロン（Wallon, H. 1879-1962）によれば、子どもは（特に初期の間は）、見分けがつかないほど周囲の人々と交ざり合っており、緊密な共同性（communion）のなかに生きている社会的存在であるとし、人間の起源を、姿勢─情動的機能、対人的な機能においている（ワロン、1982）。

スターン（Stern,D.N. 1934-2012）は、乳児は生まれてから、どのように、他者と〝共にある〟ことを体験するのかを明らかにするために、乳児の主観的世界について観察、臨床の両面からアプローチする。自己感（the sens of self）という概念を仮説的に設定し、そのなかで出生後から2カ月の間にできてくる自己感を、新生自己感（他者感も同時に生じる）とする。それは、新生されつつあるオーガナイゼーションの体験、人との出会いにより直接起

こってくる生気情動という特性（例えば、波のように押し寄せて来る、爆発的な、あふれんばかりのなど）の主観的世界の体験である。あらゆる学習と創造的行為は、この新生（新たに生まれる）かかわり合いの領域に始まり、この体験の領域は、それに続く各々の領域の形成期間中、活発であり続けるとする（スターン、1989）。

　人間を「関係的存在」として定義している松村康平は、「父・母・子」「自己・人・物」のような三者関係が展開する状況を基盤として子どもは誕生し、成長するとしている（松村、1971）。

(2) 新生児期の人間関係の発達

　生後28日未満の乳児を特に「新生児」という。生まれたばかりの新生児の活動は、眠り・泣き・おっぱいを飲み・排泄するという行動でほとんどが占められているようにみえる。しかし、それだけではなく、「外からの刺激に対する生得的な**原始反射**（モロー、自動歩行、呼吸、吸飲、口唇探索、把握、バビンスキー反射など）のメカニズムと、内部的な感覚器官から起きてくる**衝動的リズム運動**（身ぶるい、微笑、吸飲運動など）のような、将来の高次な選択的・社会的行動にとってかわっていく原初的システムに支えられている。しかも誕生直後の時点でもすでにかなりのことが分かっているし、分かるだけの目覚めた状態になっていることが明らかになっている。

　つまり、生まれたばかりの新生児は、単に未熟な何もできない存在ではなく、知覚・運動・社会的側面などにおいて、人や物とかかわり合っていく機能や行動のレパートリーをすでに持ち合わせている存在であることも分かっている。新生児であってもすでに外界と密接なかかわりをもつ関係的・社会的存在なのである。

(3) 乳児期の人間関係の発達

1）基本的信頼関係の形成

　乳児（0〜1歳未満）は、誕生から間もない新生児期から、すでに人や物

とかかわり合っていく機能や行動のレパートリーを持ち合わせ、また自身の主観的な自己感においても人とのかかわり合いの体験の領域を発達させていくという、著しく関係的な存在であるといえる。では乳児期にはどのような人間関係の発達がなされるのだろうか。

　エリクソンによれば、乳児の主要な発達課題は、主として世話する人（母親）とのかかわりを通して、自分をとりまく世界に対する基本的信頼を形成していくことにあるとする。乳児に基本的信頼感が育まれるためには、「乳児の個々の欲求に対して、ゆきとどいた世話」が「乳児の、人間は信じるに足るというゆるぎない感覚と質的に結びつけるよう」に、例えばそれは「子どもが欲するミルクを、乳房を通して子どもが取入れやすい形で与え、子どもはそれを通して外界と密に接触する」（Erikson, 1959）という、身体的・心理的、社会的体験に結びつくようなかかわり方である。

　子どもは抱かれ、温められ、ほほえみかけられ、話しかけられ、あやされたりされるなかで、自分と人との応答性、相互関係の確かさ、信頼感を形成していくといえる。しかし、この時期の主たる養育者との相互関係がうまくいかなかった場合、おそらく子どもの心に不信感をつくりだし、その不信感は子どものその後の、世界に対する関係に大きな影響を与えるだろうとしている。

2）愛着の形成

　母子関係の成立の起源に「**愛着**」（**アタッチメント**　attachment）という概念を取り入れたのは**ボウルビィ**（Boulby, J. 1907-1990）である。ボウルビィは、乳幼児と母親（あるいは母親代理者）との、親密で継続的な人間関係が重要であり、この時期（生後3年間）における母性的養育の喪失が子どもの精神衛生に大きな影響を与えるとし、それを「**母性剥奪**」（マターナル・デプリペーション　maternal deprivation）と名づけた。以来、母子関係の「**絆**」（bond）についての数多くの研究がなされている。ボウルビィはその後、前述の仮説をさらに発展させ、「**愛着理論**」（attachment theory）を展開し、乳幼児期に

形成される愛着はその後の人格形成に大きな影響を与えること、また、その愛着が形成されるメカニズムなどを明らかにした。乳児には、吸う・しがみつく・後を追うなどの接近行動、泣く・ほほえむなどの発信行動などの、他者との結びつきを求める行動システムが生来的に備わっており、このような乳児の行動を媒介として、特定の相手との応答関係が繰り返し促進され、そのなかで情緒的な絆（愛着）が形成されていくとしたのである。

　それでは、乳児は親に対する愛着をどうやって形成するのであろうか。その形成の要因について、**ハーロウ**（Harlow, H.F. 1905-1981）は、子ザルの実験を行い、親の食物（ミルク）による欲求の充足よりも、親にしがみつく身体接触（スキンシップ）のほうがより重要であることを示した。

　それでは、愛着の対象は乳房をもつ母親のみなのだろうか。**ラター**（Rutter, M. 1933-）は、ボウルビィのデプリベーションの理論に対する再検討を行った。乳児の愛着の発達や対象について、子どもの愛着の形成は確かに重要であることは認めるが、母親の重要性を過大視しすぎた点などを指摘した。愛着は多くの時間を子どもと過ごした人に必ずしも発達するわけではなく、むしろ相互交流の強さのほうが影響をもっている。つまり、乳児と一緒に遊び、乳児に十分に注意を向け、しかもこのことが乳児の出す信号を敏感に察知してそれに応じてやるという具合に行われる場合にもっとも強い愛着が生まれる、とした。そして、ほとんどの家庭では、乳児に最も深くかかわるのは母親なので、愛着は主として母親に対して形成されるが、ある研究では事例のほぼ3分の1は愛着の主な対象が父親であり、また、兄や姉、そして家庭以外の人に対してさえも最も密な愛着を示すこともあるということが分かった、と述べている。

3）愛着の質

　ボウルビィの理論を基礎に「**愛着の質**」について明らかにしたのは、**エインズワース**（Ainsworth, M.D.S. 1913-1999）である。

　愛着の質の測定に**ストレンジ・シチュエーション法**（strange stuation

procedure）を考案し、最初の1年間の母子愛着関係の形成過程を縦断的に追跡した。乳児が母親と見知らぬ部屋（実験室）に入室し、見知らぬ人物（実験者）に会い、母親はこの人物に乳児を託して退室し、しばらくしてまた戻ってくるというもので、全体で8つのエピソード場面からなる。この母親と分離と再会の場面における乳児の反応を3つのパターンに分類した（Ainsworth, 1978）。

愛着の「安定型」は、安定した愛着を示し、母親を安全基地として使う。例えば、母親が同室していると安心して遊び、母親が退出するとぐずる。しかし戻ってくると喜び、すぐに遊びに戻ることができる。「不安定・回避型」は、母親とのかかわりが乏しく、分離抵抗も不安も示さない。再会時にも、無関心か回避的な行動をとる。「不安定・両極型」は、不安が高く、両極的な愛着を示す。母親が退出すると極度に不安がり、再会後は強く接触を求めるが、一方で激しく泣いてなかなか機嫌が直らないなど、母親を拒否する行動を示す。エインズワースはこの研究を通して、安定的な愛着の形成には、乳児のペースや内的状態やシグナルに感度よく応答できる、母親の敏感性が重要であるとしている。

4）親の愛着体験と子どもへの影響

エインズワース以降の愛着研究の担い手として、**メイン**（Main, M. 1943-）らは、エインズワースのストレンジ・シチュエーション法による乳児の愛着パターンを成人パターンに翻訳し、**成人愛着面接**を考案した。幼児期の愛着体験を親に尋ねるこの面接の結果は次の4タイプに分類される。

①自律的─安定（autonomous secure）型……幼児期の愛着体験をありのまま、まとまりのある形で語る。首尾一貫性があり、愛着そのものに価値を置いている。

②没入（preoccupied）型……葛藤に満ちた幼児期の愛着体験をとりとめなくまとまらぬ形で語る。過去の愛着関係、親への負の感情などに現在も過剰にとらわれている。

③却下（dismissive）型……葛藤的な記憶は忘れ去り、表層的な良い記憶のみ語る。愛着そのものに価値を置いていない。

④未解決（undersolved）型……愛着に関連する過去の外傷経験を心理的に解決できず、恐怖感情を意識化の領域に抱え続けている。

　メインらは、自律的—安定型の親が安定型の乳児を、没入型が不安定・両極型の乳児を、却下型が不安定・回避型の乳児を生みだすという親子同型伝達がみられ、愛着パターンの**世代間伝達**を示している。さらに、ストレンジ・シチュエーション法による愛着パターンに適合しない一連の、特にハイリスク群の乳児に多く見られる行動のパターンに注目した。例えば、顔を背けたまま母親に接する、方向が定まらず目的なく歩き回るなど、「無秩序・無方向型」と名づけ、そこには相矛盾する不可解な行動や感情表出、不安・恐怖を対処するための行動システムの崩壊は、「**解決なき恐怖**」に由来しているとする。このパターンの子どもの母親が、未解決型に対応し、自身の愛着対象の死や愛着にかかわる外傷体験の未解決に由来するとする。このことから、成人期以降の愛着の安定性とは、親自身の過去の愛着の経験それ自体ではなく、その親が、過去の愛着に関連する葛藤や現在の問題をいかに統合し、客観的に吟味できているか、いかに自分の人生を物語として、統合・意味づけられているか（久保田、2006）、が重要であり、虐待や不適切な対応の連鎖を予防するには、親、子への、愛着問題の統合、解決が図られていくような、効果的な援助、支援が必要であろう。

5）父母子関係の重要性

　子どもの父親へのアタッチメントについて、**ラム**（Lamb, M. 1953-）は、家庭での観察を行い、その結果から、乳児は両親に対してごく早い時期からアタッチメントを示し、父親は単なる母親代理ではなく、独自な方法で相互作用を行っていることを述べている。例えば、両親が乳児を抱くとき、母親は世話やしつける目的で、父親は遊ぶために抱くことが多かったという。このことから、子どもの人間関係の発達をはかるうえで、乳児期からすでに、母

子関係ばかりではなく、父子関係も同等に重要であることが分かる。

6）愛着の障害と人間関係の発達

今日、児童虐待の問題が大きく取り上げられており、生涯の人間関係の発達に大きく影響を与えるものとして、「愛着障害」が挙げられる。愛着障害とは、乳幼児期に長期にわたって不適切なかかわり、虐待を受けるなどで、養育者との愛着が形成されず、子どもの心身に大きなダメージを与えることにより起こる障害である。

子どもは、他人とうまくかかわることができず、不安定で、衝動的・攻撃的、時には破壊的な行動がみられる。人間関係の臨床からは、特定の人との親密な人間関係が結びにくく、誰でもかまわずべたべたするといった、人間関係における適切な距離の取りにくさもある。人間関係の発達において第一には、安全・安心できる状況のなかで、特定な人との信頼的な人間関係がつくられていくことが重要である。また、適切な環境で継続的な愛情に基づき、ありのままの自己が受容され、自信、自尊心が向上できるよう養育することで、大幅な改善が期待できる。

7）三者関係の展開、愛着と人見知り

乳児は、父母の関係において子として誕生し、三者関係を基盤に人間関係を発達させていく存在である。例えば、愛着の対象についても、母親や父親、きょうだい、祖父母、その他の保育者などとの様々なかかわりがある中で、ある特定の人（たち）との深い愛着関係が可能になってくると思われる。

乳児の人との関係において、特に三者関係が目立ってとらえられてくるのは、5～6カ月ごろになってである。2～3カ月ごろから、乳児は人の笑いかけに対して笑い返すようになってくる。この時はまだ、あやしてくれる誰に対しても笑い返す。それが5～6カ月ぐらいになると、誰に対しても笑い返すというわけではなくなってくる。いわゆる人見知りという現象で、生後6カ月ごろから1年の間に著しく現れる。見知らぬ人の接近に対して、じっ

と不安げに見つめたり、視線をふせたり、泣き叫ぶ。同時に身近な人の後を追い、顔をそのなかにふせ、強くしがみついたりするなどの愛着行動も顕在化される。これは、乳児の人間関係の発達と対応し、自己とのかかわりの発達もなされていくからである。

　すなわち、見知らぬ人（三者）の登場により、乳児（一者）自ら、見知った人（二者）と見知らぬ人（三者）を区別し、見知った人との関係をより強める、あるいは見知った人を頼りにし安全基地にするといった愛着行動も盛んになる。これはまた、己が信頼し、愛着の対象となっている人と内接して築かれてきた人関係領域を明確化していくことでもある。この自己と人との関係領域は、ある範囲内にいれば安心をもたらす安全基地としての役割をはたすのである。

　この場合の発達を援助するかかわり方としては、無理に密接な二者間を分離させ第三者とすぐに結びつけようとするのではなく、まず、二者（例えば母と子）の関係をより確かなものにしつつ、二者で共に第三者（新しい人）にかかわっていったり、一者（例えば母）が子と第三者のかかわりが発展していけるような仲立ちの役をとったりするようなかかわり方（状況づくり）が望ましい。そのことで、新たな三者的関係が展開していくきっかけがつくられ、乳児の豊かな人間関係の発達が促されるであろう。

　スターン（Stern, D.N. 1934-2012）は、乳児が2〜3カ月から6カ月ぐらいになると人とのかかわり合いに際し、オーガナイゼーションを促す自己感・他者感を形成しはじめるとする。つまり、自分の行動をコントロールできる、自分自身の情感をもっている、連続性がある、自分とは別に他者があるなどの感覚をもつようになる。この感覚を「**中核自己感**」と名づけている。

8）やりとりから役割交代へ

　乳児は7〜9カ月ごろになると、声を出して大人の注意をひいたり、抱いてもらおうと自分から身を乗り出したり、人とのかかわりについて積極的な行動がみられるようになる。この乳児期の後半に盛んになってくる人とのや

りとり遊びについてみてみると、すでに初期的な形での相互の役割分化や交代がみられる。親密なおとなとの感覚運動的なからだや物を通しての対人的やりとりを繰り返し行っていくなかで、初期的な役割分化と交代を体験し、自分自身の感じのなかに「他者性」を成立させ、他者へのかかわり方が育まれていく。

スターンは、7〜15カ月の乳児の対人世界には新たな特徴がみられるようになるという。それは相手との情動状態の共有ということである。この時期には、乳児は徐々に、主観的体験、あるいは間主観性、つまり、心の主題（私はクッキーがほしい、これはすごい、あのおもちゃ見て、などの内的な意図・感情・注意の状態）が自分以外の誰かと共有可能であるという重大認識に至るという。これを主観的自己感と名づけ、乳児を新しく間主観的かかわり合いの領域に導き、養育者との共感的な関係も可能となってくるとする。

9）対人的コミュニケーションの発達

今まで述べてきたように、生まれたばかりの新生児期から、子どもは周りのおとなとの関係において、ただちに深くコミュニケーションに参加し、社会的な愛着を形成し始めている。乳児は、言語出現のずっと以前から非言語的な形でおとなとコミュニケーションをすることを学習している。

コンドンとサンダーは、新生児に成人の発話を聞かせると、その分節に対応して正確なリズムで身体を運動させることを実証した。この運動は相互同調活動と名づけられている。また、乳児ははやくから、人の顔のかたちをしたものに関心を示し、より多く注視するという（Condon & Sander, 1974）。

また、生後半年の乳児の喃語音声（babbling）には、人類にみられるあらゆる音声が含まれているといわれており、潜在的には、乳児はどんな言語に対しても学習可能な状態にある。そのなかで、周りのおとなとの信頼や愛着関係を基盤にして、相互応答的なやりとりを重ね、最初の6カ月の間に驚くほどのことばの発生のレパートリーを広げる。生後1年から1年半ぐらいになると、乳児は自分の住む共同体の言語を、すなわち日本であれば「マン

マ」「フープ」など、おとなに向けて発語するようになる。

スターンは、生後2年目に入りことばが話せるようになると、自己と他者は互いに意味を共有するとともに、各々別個な世界認識をもつようになり、新しいかかわり合いの領域への道が開け、**言語自己感**の段階が始まるとした（スターン、1989）。

このように、乳児は、自分と人と物との関係を様々に結んでいくなかで、コミュニケーション方法を発達させ、乳児期を終えるころには、それは言語という形に構造化されていく。人間関係の発達にとって、それは次の発達段階（幼児期）への移行に大きな役割を果たす。

文献 ————————————————————————

・Ainsworth, M. D. S.et al. Patterns of attachment. Hillsdale, NJ, Erlbaum.1978.
・J・ボウルビィ『母子関係の理論 I III』、黒田実郎（訳）、岩崎学術出版社、1976, 1977, 1981.
・T・G・R・バウワー『乳児期——可能性を生きる』、岡本夏木ほか（訳）、ミネルヴァ書房、1980.
・Condon, W.S. & Sander, L.W. Neonate movement is synchronized with adult speech. *Science*, 1974.
・Erikson, E. H. *Identity and The Life cycle.* International Universities Press, 1959.
  E・H・エリクソン『自我同一性』、小此木啓吾（訳編）、誠信書房、1973.
・Fantz, R.L. The origin of form Perception. *Scientific American*, 1961.
・H・F・ハーロウ『愛のなりたち』、浜田寿美男（訳）、ミネルヴァ書房、1978.
・久保田まり「愛着研究はどのように進んできたか」、『そだちの科学』No.7、2006.
・M・ラム「2歳までのアタッチメント（愛着）の発達」、F・A・ペンダーセン（編）『父子関係の心理学』、依田明（監訳）、新曜社、1986.
・松村康平「児童臨床の方法」、石井哲夫（編）『児童臨床心理学』垣内出版、1971.
・松村康平（監修）『心の育児学』講談社、1983.
・Main, M.et al. Security in infancy, childhood, and adulthood: A move to the level of representation. *Monographs of the Society for Research in Child Development, 50* (1-2, Serial No. 209), 66-104.、1985.
・A・ポルトマン『人間はどこまで動物か』、高木正孝（訳）、岩波新書、1961.
・M・ラター M『続 母親剥奪理論の功罪』北見芳雄ほか（訳）、誠信書房、1984.
・D・N・スターン『乳児の対人世界』、小此木啓吾（訳）、岩崎学術出版社、1989.
・H・ワロン『子どもの精神発達』、竹内良知（訳）、人文書院、1982.

（吉川晴美）

3 幼児期の人間関係の発達

　乳児から幼児へと発達し、また新たに幼児期の人間関係の発達の基盤がつくられていくのはどのような過程をとおるのだろうか。

　それは、「乳児の、例えば自分がいて、自分の思いのままに動き、おとながその活動を助成しながらいる、このような存在の仕方から身近なおとなが媒介となって新しい物（自然物や社会的きまりなども含む）や人（子ども仲間）に出会い、そういう人とも物ともいっしょに活動する必要性に対応して、幼児の自己と人と物の相互的なかかわり方（接在性）が形成されていく」（松村、1973）といえる。すなわち、幼児期全般において、このような自己と人と物との接在性が形成されていく過程において、人間関係の発達もなされていくといえよう。

　ここでは、幼児期を、前期（1〜3歳）：接在性の形成、中期（2〜3歳）：接在性への転換、後期（4〜6歳）：接在性の展開、の3つの段階に分けてその人間関係の発達について述べていく。

(1) 幼児期前期（1〜3歳）の人間関係の発達

1）発達課題

　幼児期前期の発達課題のひとつとして、身近な生活の中での**基本的な社会化**（基本的生活習慣、様式の習得）がなされていくことが挙げられるであろう。エリクソンは、この時期の発達課題を「**自律性**」とし、おとなによるあまりにも厳しすぎたり、早すぎたりするしつけ（排せつ訓練）などの外的統制は子どもに自律性を失わせ、恥やその二次的不信による疑惑に圧倒されてしまうことになると主張する。おとなは、この時期に急速に芽生える子どもの「自分自身の足で立て」という願いを援助し、子どもの自他の分化を図り、子どもが他者（おとな）の力を取り入れて自分を統制していく力が養われて

いくような、子どもとおとなとの相互関係が重要なのだという。この時期の幼児にかかわる保育者は、子どもの自主性を尊重し、そのあり方に共感し受け入れるような内接的なかかわり方を基調とし、子どもが他（人・物・課題）と相互にかかわっていくことを援助し仲立ちしていくように、接在的にかかわっていくことが発達課題の達成にとって重要であろう。

2）親子関係

　1歳の半ば頃から、いわゆる**社会化**の訓練が、基本的生活習慣のしつけという形で始められ、次第に親子の相互関係の性質が変わってくる。

　子どもは、運動やことばの面の発達とともに探究心・好奇心、**自主性**が増し、何でも自分でやってみようとするが、なかなかうまくいかず、じれたり、かんしゃくを起こしたりすることも多くなる。一方、親においても「しつけ」という課題意識が強まり、他の子どもと比較してあせる、子どもの現在のありのままの姿を見失いがちになる、子どもの盛んな動きの危険防止に精いっぱいで心身ともに疲れを生じやすくなる、などのことが起こりやすい。

　また、子どもは1〜2歳頃に親への愛着行動がかえって強まることもあり、いわゆる**母子分離不安**が起こることもある。親が〝早く自立を〟とつき離すほどに子どもは親と離れることに不安を感じ、ますます離れまいとするなど、この時期は何かと親子の葛藤・緊張がみられることがある。このような時期は、人間関係の発達に大変重要であるので、親は、余裕をもって子どもの気持ち・興味・行為を見守り、受け入れ、活かし、先に伸ばしていくようなあり方が大切である。

3）子ども同士の関係

　親・家族・身近な保育者などとのかかわりが中心の生活から、1歳をすぎると生活空間が広がり、対人関係も広がってくる。例えば、近所の公園では周りの子どもたちに興味を示してじっとながめたり、砂場で他の子どもと無関係のようにひとりで遊んでいるようにみえたのが、家に帰ってから他の子

どもがしていたように遊んでみたりすることもある。また、友達の名前を覚えて呼びかけたり、手をつないだり、追いかけあったり、年下の子どもにも興味をもち、世話をやいたりするようにもなる。しかし、まだ自分の気持ちを相手にことばで伝えるというより、まず情緒（泣くなど）や行為（物を取り合ったり、突き飛ばしたり、一緒にぴょんぴょんと跳ね合うなど）で表すことも多くみられる。

　傍らで、母親など身近な大人が安全基地となり、見守っていてくれると安心して子ども仲間と遊び、その遊びの発展には、まだ保育者の参加を必要とすることが多くみられる。この時期の子ども同士のかかわり合いの発展には、保育者（おとな）の仲立ちが必要であるだろう。

(2) 幼児期前期から後期への転換期（2～3歳）の人間関係の発達

　この時期には、前述してきたように、子どもの自主性が顕在化してくる。子どもは、「ひとりでする」「自分で」「いやだ」など、おとなに向けて自分を盛んに主張するようになる。今までのように、素直におとなの言うことをきかなくなるので、おとなからは反抗していると捉えられることもある。いわゆる**第一次反抗期**といわれる時期である。

　このとき、子どもとおとなの人間関係にはひとつの危機的状況が生じるといえる。それは相互に理解が困難になるからである。例えば、おとなにとって子どもの姿は「強情」「拒絶症」として、子どもにとってはおとなの姿は「価値の下落」として映し出されるという。また、おとなが子どもの言動を一方的に抑えつけたり、罰したり、あるいは反対に、振り回され言われるがままになる、放置するなど、子どもとの関係を発展させる糸口を見失いがちになる。このような危機的状況が生じたとき、それはむしろ関係の発展の契機、あるいは発達の質的転換期として位置づけ、そこでの関係の仕方を新しく転換していくことが重要である。

　この時期は「子どもにとって自我の目覚めであり、新しい自分への出発である。周りの人や物とかかわり、育ちながらだんだんに自分が参加して新し

い活動をつくるようになる。そしてそれができる喜びが体験され、子どもは飛躍する」（松村、1973）のである。

このような過程を経てこそ、幼児期後期の接在性（自己・人・物の相互的かかわり）が確かなものになっていくといえよう。この時期のおとなのかかわり方としては、子どもの言動を捉え（外接的かかわり）、子どもに寄り添い気持ちやつもりを察し・共感し、見守り、待ち（内接的かかわり）、さらに子どもと共に「どうしようかな」と相談し合う（接在的かかわり）なかで、新しい方向がつくりだされていくことが望ましいといえる。

(3) 幼児期後期（4〜6歳）の人間関係の発達

子どもが新しく保育園や幼稚園に参加していくことにより、子どもの生活空間は拡大し、人間関係の幅も広がり、かかわり方も変化、発展していく。

この時期の子どものかかわり方の特徴は、「接在的なかかわり方がまず大人（保育者）との関係で成立し、これを発展的基盤として、自己接在（自覚的なあり方、物との接在、物を生かし創造的につくること）、子どもと接在（物の共有、共同、役割遊び）などが可能になることである」（松村、1973）。

また、エリクソンは、この時期の発達課題として**積極性対罪悪感**を挙げる。この積極性をコントロールできる「**良心**」が確立される時期であり、家族や仲間同士が対等にかかわり合って一緒に何かをするなどの日常生活を通じ、子どもの仲間意識を育て、積極性をめぐる葛藤・憎しみ・罪悪感を予防し、緩和していくことが大切であるとしている。

このように、子どもの集団生活や仲間関係は接在的な展開や発展が目指され、子どもにとって新しいタイプの**役割遊び**が誕生し、展開する。この時期に子ども自ら好んでよく行われる役割遊びは、「**ごっこ遊び**」「**想像遊び**」などともいわれる。この時期に本格的に行われる役割遊びが出現する前に、すでに人間関係的遊びは乳児期から開始されている。

例えば、子どもと父親あるいは母親とが頬と頬をくっつけ合わせたり、"高い高い"をしたりして遊ぶ。そこでは感覚運動的な心地よさに加えて、

相互の身体を媒介とした力動的な人間関係が展開している。さらに、"いないいないばぁ"や、手遊びを一緒に楽しむなど、相互の出会い、真似をし合って楽しむ遊びなど。そして、２歳をすぎる頃から出現する、初期のふりの行為や"見立て"行為にも、親は一役買う。

　子どもが、ままごとのコップを持って口にあてていると、母親は「あら、おいしそうねぇ、ジュース飲んでいるのかな」と言って、子どもの行動を見立てる。そこで子どものほうも、母親にコップや皿を差し出し、母親がそれらしく飲んだり食べたりするふりをすることを期待する。また、今度は自分でもそのふりを何回も繰り返しやってみる。

　このような幼児期前期までの、いわばおとなを媒介とした内接的・断片的な遊びから、幼児期後期では仲間同士でのより発展した接在的な役割（ごっこ）遊びが可能になってくる。仲間遊びがこの時期の豊かな発達の基礎を培う主要な位置を占めるのである。この時期に遊びを通した仲間同士の様々なかかわり方、役割体験が重要である。園などで、接在性を包合した自発的創造的な役割遊びが実践されることにより、人・物・自己が統合的にかかわって現実類似の世界を構成する活動が展開し、子どもの人間関係の豊かな発達、対人多様性も促されるのである。

文献
・E・H・エリクソン『自我同一性』、小此木啓吾（訳）、誠信書房、1973.
・松村康平「保育実践の原理と発達に関する考察」、山下俊郎古希記念論文編纂会（編）『子ども——その発達・保育と福祉』玉川大学出版部、1973.
・松村康平（監修）『心の育児学』講談社、1983.
・大戸美也子「ごっこの意味の探求」、人間発達・関係学研究会（編）『人間の探求』1981.
・高橋たまき『乳幼児の遊び——その発達のプロセス』新曜社、1986.

（吉川晴美）

4 学童期の人間関係の発達

(1) 学童期の発達課題

　学童期には、幼児期後期に達成される初期的な接在性（自分と他の子ども
たちとも、やりとりしながら、一緒に物や課題とかかわり合うなどの、自己・人・
物との相互関係性）を基盤として、「人との関係では外接的にふるまうように
なる。例えば、友達との密接な接在的（相互的）かかわりの育つグループが
つくられて、ほかのグループとは外接的にかかわり」（松村、1973）、自分た
ち仲間の結束力を高める。

　この時期の児童にとって、今やいろいろな物を生産することによって周囲
の承認を獲得することが課題となり、それにうまく応えられれば勤勉の観念
を発達させる。しかしこの段階において課題をクリアできず、子どもが経験
する危機は、自分を不適格であると感じたり、同じ道具を使う仲間における
地位が築けず、劣等感を抱いたりすることであり、エリクソン（1959）は発
達課題の対概念として「勤勉対劣等感」を挙げる。

1）学童前期（6～8歳）

　小学校低学年1、2年生の頃はまだ幼児期後期の発達課題の名残を残して
いる。幼児期後期からの課題でもある積極性対罪悪感という葛藤を乗り越え
るために、「同一視の過程」（ニューマンら、1988）が必要となる。それは身近
には、両親の行動に示されるいくつかの自分にとって価値ある特徴を自身の
中に取り入れることにより、自己に対する概念を高めようとする。この時期
は家庭や学校における両親や教師などの身近なおとなとの関係で自尊心・良
心・道徳心などを発達させ、自己コントロールを身につけていく時期である。
したがって、自己の中核を形成するうえで、肯定的配慮に満ち、信頼できる、

このような人になりたいといったモデルとなる大人の存在が必要であるといえる。

2）学童中期（8〜10歳）

　小学校3、4年生の頃からであるが、「ギャング・エイジ」とも言われ、教師から集団の形で自立し、仲間だけで行動する姿も目立ち、仲間同士で一緒に遊んだり、勉強したりするなかで、社会的規範を学んでいくことに特色がある。仲間の存在が重要な役割を担うようになり、同性仲間との友情を求め、放課後も一緒に過ごすなど、級友は生活の中心を占めるようになっていく。

3）学童後期（10〜12歳）

　小学校5、6年生頃からは、**思春期**の特徴を示す子どももいる。心身の状態が緊張・葛藤にさらされ不安になり、人間関係にまつわる悩みも深刻さを増してくる場合もある。親にも簡単には自分の悩みを打ち明けられず、このときに親友や信頼できる仲間や教師の存在は重要である。

　学童中期から後期の課題は、能力の発達、社会的コミュニティに対するコミットメント、**独立の感覚**を拡大させることである。「他者の自分へ向ける評価に敏感であり、自分の属している社会集団にかなり貢献することができ、これらの集団から承認されたいと希求する」（ニューマンら、1988）。家庭や学校においては、子どもの興味や得意なところを活かして必要な役割を付与し、配慮すれば、子どもの能力の発達の拡大と集団に貢献する喜びが同時に得られるであろう。

(2) 学童期の子どもの心理臨床的な問題と対応

　近年、子どもをいろいろ脅かすストレスフルな状況や人間関係の苦手さを抱える子どもが増えていることから、ここでは、主に子どもの**抑うつ**、**いじめ**の問題について取り上げる。

1）子どもの抑うつ

現在、小学生の子どもの気分障害、うつ病の存在もクローズアップされてきている。傅田（2009）および傅田ほか（2004）は、小・中学生の抑うつ状態を検討することを目的として、バールソンの児童用自己記入式抑うつ評価尺度（DSRS-C）を用いて一般の小学1年生から中学3年生までの児童生徒（3,331人）を対象として調査を行った。その結果、抑うつ群は、全体の13.0％（小学生7.8％、中学生22％）という高い値を示したという。また、小学4～6年生（3,324人）を対象に同じ評価尺度を用いた佐藤ら（2006）の調査からも、抑うつ群に該当する子どもは11.6％いるという値がでている。このことから、小学生の自殺の予防という点からも、学童期におけるメンタルヘルスに、抑うつ症状への理解と予防、ケアが重要であると考えられる。

子どもの抑うつ症状には、行動の不活発さ、一日中ごろごろと寝ているなど、また寂しい・悲しいなどのネガティブな感情状態の表れ、悲哀の訴えなどがみられるという。双極性が存在する場合は、過多の活動性、きわめて多弁、時にルールを無視する非行行動を示すことがある。

また、学童期にみられる発達障害、不登校、学習困難、成績低下、摂食障害などの背後に抑うつ状態が存在する場合があり、また言語で十分に表現できにくく、心身の発達が途上にある分、多面的な視点からの見立てと、温かに寄り添う対応、専門的な治療とが必要である。

傅田は上記論文で、精神分析的立場から、養育者との情緒的な依存からの別離によって引き起こされる抑うつ気分が、その後のうつ状態の土台になっている場合もあるとの指摘（Mahler, 1968）に言及している。このことからは、幼いころからの養育者との愛着形成、安心できる信頼的な人間関係を確立していくことも重要であることに気づかされる。また心理療法的対応としては、認知行動療法、対人関係療法において広く研究が行われている（北川、2008）ことを示唆している。

2）いじめの問題

　学童期における集団における人間関係の危機の問題として、いじめの問題がある。また、近年、高い関心を集めているといえる**発達障害**について、通常の学級に在籍する発達障害の可能性のある特別な教育的支援を必要とする児童生徒は 6.5%（文部科学省、2012）程度いると報告されている。

　少子化や子どもを取り巻く環境の大きな変化から、人間関係のもち方が苦手な子どもは増え、クラスの人間関係の軋轢のなかで**攻撃性**が助長され、発達障害のある子どもは、いじめの対象になりやすいことも指摘されている。教師はよくクラスの子どもたちの人間関係を理解し、教室全体の雰囲気にも配慮し、いじめの予防と、起こったときの適切な対応が望まれる。

　また、平成 27 年度「児童生徒の問題行動等生徒指導上の諸問題に関する調査」（文部科学省初等中等教育局児童生徒課）によるデータを挙げよう。

認知件数：小・中・高等学校および特別支援学校におけるいじめの認知件数（年間）は、小学校 15 万 1,190 件（前年度 12 万 2,734 件）、中学校 5 万 9,422 件（前年度 5 万 2,971 件）、高等学校 1 万 2,654 件（前年度 1 万 1,404 件）、特別支援学校 1,274 件（前年度 963 件）であり、児童生徒 1,000 人当たりの認知件数は 16.4 件である。

学校数：いじめを認知した学校数は 2 万 3,528 校（前年度 2 万 1,643 校）、全学校数に占める割合は 62.0%（前年度 56.5%）である。

いじめの現在の状況：「解消しているもの」の件数の割合は 88.6%（前年度88.7%）。

いじめの発見のきっかけ：「アンケート調査など学校の取組により発見」は51.4%（前年度 50.9%）で最も多い。「本人からの訴え」は 17.2%（前年度 17.3%）。「学級担任が発見」は 11.8%（前年度 12.1%）。

いじめられた児童生徒の相談の状況：「学級担任に相談」が 74.7%（前年度73.6%）で最も多い。

いじめの態様：パソコンや携帯電話等を使ったいじめは 9,149 件（前年度7,898 件）で、いじめの認知件数に占める割合は 4.07%（前年度 4.20%）。

学校の方策：いじめの日常的な実態把握のために、学校が直接児童生徒に対し行った具体的な方法について、「アンケート調査の実施」は、いじめを認知した学校で99.3％（前年度98.8％）、いじめを認知していない学校で95.0％（前年度94.5％）。全体では、97.7％（前年度97.0％）。「個別面談の実施」は、いじめを認知した学校で89.3％（前年度87.7％）、いじめを認知していない学校で86.1％（前年度85.5％）。全体では、88.1％（前年度86.8％）。「個人ノート等」では、いじめを認知した学校で55.4％（前年度55.6）％、いじめを認知していない学校で51.4％（前年度51.5％）。全体では、53.9％（前年度53.9％）である。

　以上の実態調査から、学校によるいじめの認知件数は、中学校より小学校で多く、件数は小・中・高・特別支援学校のどれも、前年より増加している。いじめの実態は、中学校のほうが多く存在するが、小学校は学校や教師の取組みや、教師と児童との関係が比較的取りやすい分、多く認知されやすく、それだけ問題の解決に向けての対応もなされていっていると評価できる。

　いじめはどの集団でも存在しうると考え、人間関係の深刻な危機からどのように発展・解決を促していくか、よそ事ではなく、解決への具体的な過程をだれでも当事者として学童期に体験し学んでいくことが重要であろう。どの人もみな違い、一人として同じ人はいない。一人ひとり人間として大切な存在であり、個人と集団全体が共に育ち合っていく過程を様々に体験していくことができるような試みが重要である。それは**対人多様性の体験**でもある。学級集団において、教師の役割は重要である。一人ひとりの生徒や保護者との信頼関係をつくるなかで、個人と集団の相即的発展のダイナミクスを理解し、そのひとつとして、仲間関係を活かした学級運営は、子どもの人間関係の発達に大きく貢献するだろう。

(3) 小学校における心理劇の展開：新学習指導要領から

　平成29年3月に公示された小学校の学習指導要領は「**生きる力**」がテーマとなっており、小学校には道徳科が新設された。そのなかで「道徳科に生

かす指導方法には多様なものがある。ねらいを達成するには、児童の感性や知的な興味などに訴え、児童が問題意識をもち、主体的に考え、話し合うことができるように、ねらい、児童の実態、教材や学習指導過程などに応じて、最も適切な指導方法を選択し、工夫して生かしていくことが必要である」とし、指導方法の工夫の例として、次の①～⑧などが挙げられている。

①紙芝居の形で提示したり、影絵・人形やペープサートなどを生かして劇のように提示したり、音声や音楽の効果を生かしたりする工夫。

②児童が自分とのかかわりで道徳的価値を理解したり、自己を見つめたり、物事を多面的・多角的に考えたりするための思考や話合いを深める上で教師の発問の工夫。

③考えを出し合う、まとめる、比較するなどの目的に応じて行われるような話し合いの工夫。

④座席の配置を工夫したり、討議形式で進めたり、ペアでの対話やグループによる話合いを取り入れたりするなどの工夫。

⑤児童が自ら考えを深めたり、整理したりする機会として、重要な役割をもつ、書く活動の工夫。

⑥動作化・役割演技など表現活動の工夫、すなわち、児童に特定の役割を与えて即興的に演技する役割演技の工夫、動きや言葉を模倣して理解を深める動作化の工夫、音楽、所作、その場に応じた身のこなし・表情などで自分の考えを表現する工夫など。また、実際の場面の追体験や道徳的行為などをしてみることも方法として考えられる。

⑦黒板を生かしての話合いなど。板書は児童にとって思考を深める重要な手がかりとなり、教師の伝えたい内容を示したり、学習の順序や構造を示したりするなど、多様な機能をもつ板書を生かす工夫

⑧教師の体験や願い、様々な事象についての所感などを語ったり、日常の生活問題、新聞・雑誌・テレビなどで取り上げられた問題などを盛り込んで話したりする説話の工夫、などが記載されている。

このなかの特に、⑥で表されている、**動作化**、**役割演技**など表現活動の工夫、児童が表現する活動の方法として、児童に特定の役割を与えて即興的に演技する役割演技の工夫、動きや言葉を模倣して理解を深める動作化の工夫、実際の場面の追体験や道徳的行為などをしてみる、などは、本書でも度々取り上げられている心理劇的方法である。これは、これまでの道徳授業などでの地道なロールプレイの実践の積み重ねの効果が認められてのことであり、人間関係の問題を取り上げ、道徳の体験的学習に効果的に活かされていくことが期待される。

一方、**即興劇**でいじめの問題について取り上げるとしても、微妙な心理と人間関係が背景にあることから、その場面や役割の設定、ストーリーの内容と展開など、実際の行為化・表現のその場で生ずる作用、影響力も大きい。そこで、問題の本質に迫ることができれば、演者にも観客にも、気づきや感動を生み大きな効果も生む。しかし反対に、道徳という教科となると、評価も加わることから、劇が表層的・形式的になるとかえって逆効果であり、弱者にとって傷つきの再体験や問題の拡大・悪化も心配される。それだけに、劇の展開の仕方のみでなく、劇に至る前のウォーミングアップ、劇後のシェアリングやケアも大変重要である。道徳授業を行うにあたって全般にもいえることであるが、授業の実施にあたっての教師の人権感覚、人間関係力、鋭敏な洞察力などの向上と具体的な方法に関する専門的な研修が必要であろう。

文献

・傅田健三「うつ病・躁うつ病」、日本児童青年精神医学学会『50周年記念誌』2009.
・傅田健三・賀古勇輝・佐々木幸哉ほか「小・中学生の抑うつ状態に関する調査——Birleson自己記入式抑うつ評価尺度（DSRS–C）を用いて」、『児童精神医学とその近接領域』45、日本児童青年精神医学学会、2004.
・Erikson, E.H. *Identity and the Life Cycle*, International Universities Press, Inc. 1959.
・E・H・エリクソン『自我同一性』、小此木啓吾（訳編）、誠信書房、1973.
・北川信樹「児童・青年期のうつ病性障害に対する精神療法——主に認知行動療法について」、『児童精神医学とその近接領域』49、日本児童青年精神医学学会、2008.
・松村康平「保育実践の原理と発達に関する考察」、山下俊郎古希記念論文編纂会（編）『子ども——その発達・保育と福祉』玉川大学出版部、1973.

- Mahler, M.S. *On Human Symbiosis and vicissitudes of individuation*. Vol.1, Infantile Psychosis, International Universities Press, New York, 1968.
- 文部科学省初等中等教育局特別支援教育課「通常の学級に在籍する発達障害の可能性のある特別な教育的支援を必要とする児童生徒に関する調査結果について」2012.
- 文部科学省「小学校学習指導要領」(2017 年 3 月公示).
- バーバラ・M・ニューマン、フィリップ・R・ニューマン『新版　生涯発達心理学──エリクソンによる人間の一生とその可能性』、福富護（訳）、川島書店、1988.
- 佐藤寛・永作稔・上村佳代ほか「一般児童にける抑うつ症状の実態調査」、『児童精神医学とその近接領域』47、日本児童青年精神医学学会、2006.
- 吉川晴美「人間関係の発達とは何か」、『新訂 人間関係』不昧堂出版、2000.

（吉川晴美）

5　青年期における人間関係の発達

　今までのライフステージとは異なり、青年期は生活の場による生活環境とのかかわりの中、一括りで特徴づけることがむずかしい。

　社会に出て働くことによって日々の糧を得ることをしている者、働いていないが自立するための準備をしている者、自分探しにまだまだ時間を費やしている者など、それぞれの発達課題への取り組み具合に個人差があり、その個人差は大きいからである。**青年前期**（13 〜 17 歳）、**青年後期**（16 〜 22 歳）と分けて、内部・外部生活環境とのかかわりを心理社会的にみていくと理解しやすい。

⑴ 内部・外部生活環境とのかかわりとメンタル状況

　ライフステージそれぞれの発達課題に対して、「**自分自身**」を意識し、**アイデンティティの確立**（自己の一貫性、自己の独自性）といった観点から、ある程度、自己理解のために、内部環境すなわち自分の内なる世界との葛藤が起こっているといえる。外部環境としての他者との人間関係からの影響よりも、自分自身を振り返り内なる自分に自問自答しながら、揺るぎない自己像を焦点づけていく過程が、青年期の中心的な課題となる。

　外部環境としての他者との人間関係については、親・教師等の大人とのかかわりについては頼りたくないし、同時に、やいのやいのと言われたくないという気持ちが強い。ところが一方、自分自身の判断にはまだ自信がもてない。そのような若者にとって、友人とのかかわりが大きな支えとなってきている。

　しかし、その青年期における友人との関係性についての研究では、**友人関係の希薄化**が指摘されている。もともと、親・教師関係とは異なり、若者同士は対等な人間関係であり、ある意味、相互に気を遣うことも必要となって

くる。その過程で互いにぶつかり合い、傷つくことで成長していくものであるが、最近の傾向として、自我が傷つくことを警戒してなかなか深い関係になることが少ないことが挙げられている。どんなふうに友人とつきあえばよいのか迷って、最初から2人という対人関係を避けてグループでつきあう、複数との関係性の中で安心することが多いようである。また、自分自身の内面を吐露するまでの深い信頼関係までには行かず、表層的な感情の錯綜で終わっているともいえる。

また、青年期の友人関係には男女差があり、女子高校生の友情は男子に比べて深く濃厚であるためにかえって長続きしにくい、という男女の友情の在り方の違いが指摘されている。こういった青年期の友人関係がどのように変化していくかについて研究するものは少ない。今後、青年期の心の成長を把握するうえで、友人を中心とした人間関係の研究が望まれる。

(2) 外部環境としての社会経済的状況

青年期の若者が円滑に「**自分探し**」をするには現代の社会情勢は厳しい。「内定取り消し」「ニート」「ワーキングプア」という言葉が飛び交い、これから自分自身が確立され、活躍していく若者に対し厳しい社会経済の風が吹き荒れている。精神的にも早い自立を促すような外部環境の状況であり、このあたりが現代の青年期がもつ課題であるといえる。そういう時期だからこそ、基本的な心身管理の**セルフケア**の姿勢が必要となってくる。

この時期の心身状態と外部環境とのかかわりについて考えてみよう。

年度初めを過ぎたゴールデンウィーク明けの時期に、「**五月病**」といわれるように、体調を崩したり、精神的に不安定になったりする若者が多くなるといわれている。特にこれといった原因があるわけではないが、身体がだるく、よく眠れない、食欲がない、無気力になり、出勤や登校するのが億劫になる等々の症状がみられる。このことが物理的な環境である天候や気候の変化による影響なのか、あるいは生活環境の変化（ストレスイベント）の影響なのか、議論の余地があり、病名としてはそれぞれに応じた呼び名がふさわ

しいのかもしれない。

日本では４月が入学・入社といった学校生活・社会生活のスタートの時期でもあり、それによって、今までとは異なる人間関係を含めた生活環境での生活が始まる。アメリカの Holmes & Rahe（1967）は、心身の健康度に影響のある４３の**ライフイベント**（日常生活上の様々な出来事）を挙げているが、彼らはこれらのライフイベントに再適応するために必要な努力そのものがストレスとなりうると考えた。

ライフイベントの項目の中には、仕事上の変化、引越し、学校生活の変化等がある。もともと入社・入学に際しての受験準備に、ある一定期間とはいえ娯楽やスポーツの欲求エネルギーを封じ込め、睡眠時間を削るといった禁欲生活を強いられ、最終的には、希望通りあるいは希望通りにはいかないまでも新生活に入ることになる。緊張状態から解放された、いわゆる「荷おろし」したという安堵感に浸る一方で、目的を失い、一時的にも無力感におちいるのではないかともみられている。

現実に大学の新入生の中には、入学当初にすでに約１割に何らかのメンタルヘルス不調が起こっているというデータがある。首尾よく第一志望の学校や会社に入学あるいは入社した人であったとしても、生活上の変化ということで大きなストレスを感じるものである。自分の希望通りならなかった者の達成されなかった鬱々とした気持ちも、これまた別の意味で強いストレスとなっていることは推測できる。

五月病の発症の大きな要因に生活環境の変化があるならば、この心身の不調は再適応を目指して、学業や仕事の活動エネルギーの加減を調節するための「休め」の信号であるとも考えられる。やる気に燃えて、スタートダッシュをするのはよいが、やはり中長期的な視野でゴールを目指せるようにスタミナ配分を考えるとか、周りの人間関係への気遣いをするとか、あるいは他と足並みをそろえるというようなことが必要になってくる。少しペースダウンをしたり立ち止まったりして、短期目標や中長期ゴールを確認する余裕がほしいときである。体力のある「若さ」ゆえに、つい無理を重ねてしまいが

ちだからこそ、睡眠（休養）、食事、運動等の基本的な生活習慣から見直すことが必要となってくる。自分自身の精神的な自立とともに、自分の身体の健康管理のセルフケアが必要な時期でもある。

(3) キャリア構築と人間関係

　平均寿命が伸び、「働く」ことを通して社会の中で生きていく期間が50～60年という長期間にわたるものであり、青年期の若者にとっても「アイデンティティ確立」には「働く」ことの意味をいやがうえにも考えざるを得ないのが実情である。

　会社の社会的責任として、若者が単にシステムの中に入り、システムに乗るのではなく、「自分は何をしたいのか」「なぜ働くのか」という働く動機を見出し、働く主体性と意欲を基にキャリアを構築していくことができるように若者を支援することが有効な方策のひとつとなりえる。

　1970年代から「キャリア」は、仕事・経歴・資格といった狭義の定義に留まらず、「人間一生の上でどのような役割をしていくか、生き方、生き様を問う」ことが広義の定義となっている。

　わが国の教育指導要領では小学校から高校、大学のどの校種においても、進路について「生徒自らの生き方を考え主体的に進路を選択することができるようになること」を目指して、「学級活動」「勤労生産・奉仕的活動」「進路相談」等の指導がなされてきた。さらに平成23年に中央教育審議会が**キャリア教育**を「一人一人の社会的・職業的自立に向け，必要な基盤となる能力や態度を育てることを通して、キャリア発達を促す教育」とした。はたして若者が、自分の生き方の有り様を鑑みて仕事、キャリアを選択することができているのだろうか、あるいは自分の生き方という自己のアイデンティティと向き合うことができているのだろうか。このあたりが今後、社会の中においてアイデンティティを主張できるという個人の感覚、個人として完全に機能しているだろうかという**自己概念**の獲得にかかわってくる。

　様々な著名な心理学者が、自己概念、アイデンティティの確立を実感でき

表 2-2-1　様々な心理学者による「アイデンティティの確立の感覚」

成熟した人（オルポート）	完全に機能している人（ロジャーズ）
生産的人間（フロム）	自己実現（マズロー）
個性化した人（ユング）	自己超越した人（フランクル）
いま、ここに生きる（パールズ）	

る感覚を示している（表2-2-1）。

　青年期の発達課題として、エリクソンが「**アイデンティティ VS. 拡散**」を挙げているが、ここで自己概念像が自分の経験と一致できたような感覚をもち自己理解が深まることによって、**他者理解**も深まっていく。それに従い、自己―他者との間の人間関係が今までよりも深まってくる。その結果、青年期から成人期における人間関係の在り方が異なってくることが特徴的な変化であるといえる。

文献―――――

・バーバラ・M・ニューマン、フィリップ・R・ニューマン『新版　生涯発達心理学――エリクソンによる人間の一生とその可能性』、福富護（訳）、川島書店、1988.
・Holmes, T. H. & Rahe, R. H. The social readjustment rating scale. *Journal of Psychosomatic Research, 11*, 213-218, 1967.

（松井知子）

6 成人期における人間関係

　成人期は、主に23〜64歳の約40年間を指し、身体的・社会的・家庭的・心理的に変化の多い時期である。また、安定と不安定、若さと老い、獲得と喪失が共存する時期であり、今まで積み重ねてきたものを問い直し、時には人生の危機に直面する時期でもある。

　成人期を成人前期（23~34歳）、成人中期（35~60歳）、成人後期（61~65歳前後）と３つの段階に分けて考えていくと理解しやすい。これまで成人後期からは、老いと死に向かって衰えていく時期という否定的なニュアンスで捉えられてきた。しかし、人生80年となった現代では、人生はひとつの山ではなく、青年期から成人期の第１の山と成人期から老年期の第２の山があり、成人期は第１の山の尾根であると同時に、第２の山の出発点でもある。成人期を、新たな価値観にそって自分自身を作り上げていく充実の年代と捉えることもできる。心身ともに健康的な成人期を過ごすことができた結果、豊かな老年期（高齢期）を迎えることにつながる。

(1) 労働・職場環境とのかかわりと人間関係

　成人期の社会的な役割の大きな特徴は、社会に出て、生活の糧を得るべく、労働・仕事についているということになる。そこで、労働・職場環境という環境の中でいかに心身ともに健康状態を維持していくかについて考えていくことが必要である。

　2016年度の15〜64歳の労働力人口比率を男女別にみると、男性は、82.5％、女性は66.0％であり、15歳以上から64歳までの生産年齢層においては働く人々が６割以上の多くを占めている（総務省統計局、2017）。加えて、１日のうち職場に関連している場所で過ごす時間が長いことから、働く人々の職場環境における人間関係を考えることは成人期の人々の心身の健康にとっ

て意義のあることである。

1）職場における上司との関係

　職場における人間関係を調査報告した古典的で著名な実験がある。1924 〜 1932年に行われた「ホーソン実験」といわれる一連の実験と調査である。メイヨーとレスリーバーガーらが、シカゴにあるウェスタンエレクトリック社の工場で、温度・環境・騒音などを変化させ、作業する職人たちの能率に変化があるかについてみたものである。その結果、どんなに劣悪な環境で働かせようとも、どんなにすばらしい環境で働かせようとも、あまり能率に変化がないことが認められた。これはなぜかを分析した結果、工場の職人たちは〝自分たちは世界的な実験に参加している〞という意志が能率を高めたと考えられ、作業環境よりも、人間の意欲・人間関係という部分が能率に大きく影響することを示した。さらに、メイヨーとレスリーバーガーは、生産性を向上させる要因となるのは、仲間との感情であり、**労働意欲**は自己の職務、仲間に抱いている感情により影響されるとした。

2）厚生労働省「労働者健康状況調査」とストレスチェック制度

　厚生労働省が5年ごとに報告している「労働者健康状況調査」を図2-2-1に示した。昭和57年から平成24年までの中で、職場でストレス・不安・心

出典：厚生労働省「平成24年 労働者健康状況調査」より。

図2-2-1　強い不安・悩み・ストレスがある労働者の推移

配を感じている人の割合が 50 ～ 60％を占めており、働く人々の心の健康を図っていくメンタルヘルス対策が重要になってきている。平成 24 年度の調査では、そのストレスの原因は「人間関係である」と 41.7％の人が答えており、最も多い。ストレスマネジメント、上司・同僚との人間関係、適性配置などの種々の対策の実施が必要とされた。

具体的な行政の動きとしては「労働安全衛生法」が改正されて、労働者が 50 人以上いる事業所では、平成 27 年 12 月から、毎年 1 回ストレスチェック検査（ストレスに関する質問票に労働者が記入）を実施することとなった。その質問票については、ストレスの原因に関する項目、ストレスによる心身の自覚症状に関する項目、労働者に対する周囲のサポートに関する項目が挙げられている。3 番目の周囲のサポートとは、まさに労働者を取り巻く上司・同僚、家族等の人間関係のあり方を問うものである。

3）成人期の３つの期（前期・中期・後期）における職場の人間関係

① 成人前期（23 ～ 34 歳）

青年期におけるアイデンティティの自覚を獲得した後、自分の適性に合った仕事に就くことができたことによって、意欲的な社会生活を過ごすことが可能になる。しかし、まだアイデンティティが焦点化できず、自分の適性を確認できないまま仕事に就いた場合には、仕事にも不安が多い場合がある。それでも、職場における責任を負うことから、仕事を通して自己成長が促され、アイデンティティ確立につながっていく。成人期における「親密性」を獲得することから、上司・同僚の関係が仕事を通して深まっていくことになり、社会人として満足感、達成感を感ずることができていく。

② 成人中期（35 ～ 60 歳）

最前線で働く立場を達成し、上司や管理職といった立場に変わったり、人に教わる立場から、人を教え指導する役割に転換を求められる。仕事上の自分の能力や地位の限界も見えはじめ、青年期に抱いた希望と現実の狭間で揺れ動くこともある。

③ 成人後期（61歳〜65歳前後）

定年を迎え、生活習慣すべてが変わる時期でもある。仕事中心の価値観に
しばられていた人ほど、生活に空しさを感じ、自己のあり方を見つめ直すこ
とが迫られる場合もある。

⑵ 家庭における親子関係の役割変化

成人期の生活時間の多くが職場環境の中で過ごすことから、その職場環境
が心身の健康状況に大きく影響することが示された。労働時間以外の1日の
残りの時間は家族と過ごす時間であるが、職場を最優先として働くことで、
その時間はある程度、限定された時間となっている。

家庭では子どもの成長に従って家族の役割変化から人間関係のあり方が異
なってくる。

① 成人前期（23〜34歳）

青年期よりも人とのつながりに親密性が増し、自分にとって大事な人、一
生のパートナーとの出会いがあり、家族となったり、一生の友人と密な関係
性を築いていく。子どもの育児・養育を通して、相互関係性が深まることか
ら相互の成長が促されていく。

② 成人中期（35〜60歳）

子どもが思春期に入り、子ども中心の生活から、子どもは親の庇護から離
れ、〝子どもは子ども、親は親〟というように生活が変化する。子どもたち
は、友人などのつきあいのために、家庭のルールに様々な変更を求めてくる
し、老親の介護が必要になることもある。それらの課題に柔軟に対応するこ
とで、父親・母親の役割も必然的に変化していく。このように家庭の中のル
ールや役割が移り変わり、家族の中に揺れが起こる。

③ 成人後期（61〜65歳前後）

子どもたちが巣立ちする寂しさややりきれなさを経験する中で、改めて夫
婦の関係をつくりなおす時期である。この時期には「空の巣症候群」と心の
危機に直面することになる。自分の子どもが結婚や独立し、家を出ていった

あとに、空になった巣（家）に一人おいてきぼりをくったような虚無感にとらわれる症状を呈する。子育ての終了とともにうつ症状が生じて入院した中高年の女性に対して命名された。特に女性の場合は、この空の巣症候群の時期が更年期と重なることから、うつ病になりやすい時期でもある。豊かな老後を過ごすことが人生の最終目的であり、人生の集大成であるともいえるが、ここで心身ともに健康な状態で成人期を過ごすことが必要条件でもある。

「更年期」とは、閉経を挟んだ前後約10年間のことを言い、一般的には45〜55歳がこの時期に当たる。生殖機能を終えるに伴い、ホルモンバランスが崩れることで体調がすぐれなくなる。この時期をいかにうまく乗り切ることができるかが、次の高齢期を豊かに過ごしていけるかにつながっていく。

文献
・厚生労働省「平成24年 労働者健康状況調査」2013年
http://www.mhlw.go.jp/toukei/list/h24-46-50.html
・総務省統計局「労働力調査（基本集計）平成28年（2016年）平均（速報）結果」2017年
http://www.stat.go.jp/data/roudou/sokuhou/nen/ft/

（松井知子）

7 老年期（高齢期）における人間関係

(1) 老年期とは

　豊かな老後を過ごすことが、人生の最終目的であり、人生の集大成であるともいえる。老年期の定義については、わが国を含む多くの国で、高齢者は暦年齢65歳以上とされている。しかし、この定義には医学的・生物学的に明確な根拠はなく、わが国においては、近年、個人差はあるものの、この高齢者の定義が現状に合わない状況が生じている。

　2013年、日本老年学会・日本老年医学会が高齢者の定義を再検討し、近年の高齢者の心身の健康に関する種々のデータを検討した結果、現在の高齢者においては10〜20年前と比較して加齢に伴う身体的機能変化の出現が5〜10年遅延しており、「若返り現象」がみられているとした。そして、70歳以上あるいは75歳以上を高齢者と考える意見が多い結果を示した。

　また平成20年より開始された医療制度では、65〜74歳を前期高齢者、75歳以上を後期高齢者としている。老年期においては、身体的・精神的な老化の進み方は個人差が著しい。また、平均寿命の延伸から、65歳以上から20年以上過ごす時期であり、老年期（高齢期）は人生最終の時期として意味が大きいとされている。本書では、65歳以上の時期として説明をしていく。

　老年期は一般に、環境の変化に対する適応性が減り、情緒的不安定、記憶力減退・知的機能の低下が生じ、周囲への好奇心が減少してと、負のイメージがある。しかし、個人差が大きい時期でもあり、人によってはこの時期に至るまで健康で寿命を全うできる条件を備えていれば、自己実現が達成され自分の生き方の集大成として終を迎える、そのときまで積極的に生きていく過程として老年期を考えていきたい。

(2) 超高齢社会

「平成28年度版高齢社会白書」によると、わが国の総人口は平成27年10月1日現在、1億2,711万人。そのうち65歳以上の高齢者人口は3,392万人であり、男女別にみると男性は1,466万人、女性は1,926万人である。総人口に占める65歳以上人口の割合（高齢化率）は26.7%であり、世界で最も高い高齢化率を示している。「65～74歳人口」（前期高齢者）は1,752万人、総人口に占める割合は13.8%、「75歳以上人口」（後期高齢者）は1,641万人、総人口に占める割合は12.9%である。世界保健機関（WHO）や国連の定義によると、高齢化率が7%を超えた社会を「**高齢化社会**」、14%を超えた社会を「**高齢社会**」、21%を超えた社会を「**超高齢社会**」という。日本がはじめて高齢化社会となったのは1970年のことであるが、現在は超高齢社会となっている。

(3) 高齢者の生活満足感と人とのつながり

「平成28年度版高齢社会白書」によると、高齢者に対して「現在の生活に満足しているか」を尋ねたところ、現在の生活に満足している高齢者の割合（「満足している」と「まあ満足している」の計）は、スウェーデン97.1%、アメリカ95.2%、ドイツ91.9%、日本88.3%となっており、高率である。一方で、日本は老後の備えとして現在の資産や貯蓄を不安と考える割合や家族以外の人で相談し合ったり、世話をし合ったりする親しい友人がいない割合が、他の国よりも多いという結果も出ている。

　世帯構造については、65歳以上の高齢者のいる世帯は増え続けている。平成26（2014）年現在、全世帯の46.7%を占め、そのうち、「夫婦のみの世帯」が一番多く約3割、「**単独世帯**」と合わせると過半数を占める。65歳以上の高齢者について子どもとの同居率をみると、昭和55（1980）年にほぼ7割であったものが、平成26（2014）年には40.6%となっており、子どもとの同居の割合は大幅に減少している。一人暮らしまたは夫婦のみの世帯につい

ては、昭和55（1980）年には合わせて3割弱であったものが、平成26（2014）年には55.4％まで増加している。このような現状にあって、家族・友人・地域活動などの人とのつながりが必要となっている。

　高齢期における生活環境の特徴としては、社会経済的地位の変化、交友関係の範囲の狭小、家族関係の変化が挙げられ、人との良好なつながりの維持が難しくなってきている。また、加齢とともに要介護高齢者が急増することからも、高齢期においては、最も身近な生活環境として人とのつながりを意識することになる。

　こうした社会状況を背景に、平成27年の一億総活躍国民会議（第3回）では、「一億総活躍社会の実現に向けて緊急に実施すべき対策——成長と分配の好循環の形成に向けて」が取りまとめられた。「緊急対策」には、介護と仕事の両立を目指す、「**介護離職ゼロ**」という目標に向け、第三の矢（安心につながる社会保障）として、介護する家族に対する支援や、高齢者の自立に向けた支援等が盛り込まれた。

⑷ 喪失と QOL

　高齢期の身体的特徴としては、加齢に伴う種々の細胞の老化が認められる。心身ともに高揚していた成人期に比べると、健康や役割感において高齢期はいわゆる「**喪失の時期**」とも位置づけられる。そこで、身のまわりの雑事、責任から少しずつ解き放されていくことによって、自己を意識することが多くなり、自らの人生の集大成として人生の質（Quality of Life）の充実を図ることが必要である。この意味においても、高齢期は自分自身を振り返る余裕をもつべく、精神的な安定を保てる環境づくり、特に身近な衣・食・住環境の快適さが大事なこととなる。

　自立生活の在宅高齢者において、外出頻度から判定した**閉じこもり**が要介護に移行するか、また低水準の社会交流がより強く要介護状態の発生を増幅するのかを明らかにするために、閉じこもりおよびその状態像から要介護の発生状況を検討した。その結果、85歳未満の自立生活の在宅高齢者におい

ては、閉じこもりが要介護移行のリスク因子になり、要介護のリスクファクターとしての閉じこもりの判定には外出頻度が「週に1回程度以下」を使用するのが有用である。さらに閉じこもり状態像において、社会交流のないことは要介護移行により強く関連することが認められたとの報告もある。社会的なネットワークが豊かであることが、健康状態や介護状態にいい影響を与えていることが示された（渡辺ほか、2005）。

　今後、**ターミナル・ケア**（終末期医療）あるいは「終」を迎えるという心構えを準備していくことなど、「こころ」のあり方を支援する活動について、さらに研究されていくことが重要である。

文献

・内閣府「平成28（2016）年度版高齢社会白書」、2016.
　http://www8.cao.go.jp/kourei/whitepaper/w-2016/zenbun/28pdf_index.html
・渡辺美鈴・渡辺丈眞ほか「自立生活の在宅高齢者の閉じこもりによる要介護の発生状況について」、『日本老年医学会雑誌』42巻1号、99-105、2005.

（松井知子）

第 3 章

現場支援の事例に学ぶ

事例紹介にあたって

　私たち心理臨床家をはじめ対人援助職にある者は、心理臨床や教育・保育の専門家として真剣に現場に臨み、クライエントや子ども、学生、社会人に出会うとき、そこで生ずる様々な問題や悩みを理解し、支援する立場にある。同時に、今ここで新たに出会い、人間同士としてお互いに尊重し、信頼し合う人間関係が成立してこそ、問題や悩みが解決の方向に向かう端緒になる。私たちは、共にかかわり合うなかで、変化し成長する存在であることを忘れてはならない。

　本章では、著者らが日々携わる心理臨床や教育の現場における、貴重な事例を紹介する。この事例から、人間関係の理解と心理臨床とは何か、またその具体的な方法を学ぶことができるであろう。

　なお、ここに紹介する事例は、倫理的配慮のもと個人が特定されないようプライバシーにかかわる部分を加工・改変した上で、本質部分は変えずに内容を再構成していることを改めておことわりしておく。

第1節　言葉の遅れに悩む母親 ——1歳6カ月児健診での事例

(1) 概要

主訴：言葉の遅れの心配（1歳6カ月児健診時）。

被相談者：1歳6カ月児健診を受診した、1歳8カ月女児の保護者。

場所：乳幼児健診会場となった保健センターの心理相談ブース。教室くらい
　　の広い部屋の中央に子どもの遊びスペースが作られ、その周囲に栄養相談、
　　心理相談などの個別相談のスペースが用意されている。

期間：1歳6カ月児健診の結果説明の後の個別の心理相談にて、約20分。

心理相談役割構成：心理相談担当1名、子ども担当保健師2名。

活動構成：

①1歳6カ月児健診の内科、歯科、身長・体重の測定、問診、栄養指導等が
　　一通り終わった後に、希望者は個別の心理相談を受けることができる。

②相談を希望する親子は、子どもの遊び場を併設した相談スペースで、保健
　　師と一緒に三々五々遊びながら、心理相談の順番を待つ。

③1組ずつ保護者と個別相談を行う。子どもはその間、同室の遊びスペース
　　で保健師と遊ぶのが基本だが、保護者の膝の上などで親子一緒に話すこと
　　もある。離れて遊んでいる子が親のところに様子を見に来ることもある。

④相談員は、子どもが遊ぶ様子や親子のやりとりも含めて観察しながら、保
　　護者の話に耳を傾ける。

⑤家庭での様子やその場での子どもの遊びややりとりの様子から、発達のア
　　セスメントを行う。また、保護者の不安や訴えを受けとめながら、家庭で
　　の子育ての状況やサポートの有無、地域の子育て環境などについてのアセ
　　スメントを行う。

111

⑥保護者の不安に応えつつ、子どもの発達の様子や思いを保護者に伝え、共有する。

⑦子どもの発達課題について、今後どのような力が育つとよいか、そのためにどのような経験を増やすとよいか、大まかな方向性を示す。

⑧今後に向けて、それぞれの家庭や地域で実現可能な具体的な手立てを保護者とともに検討する。また、活用できそうな地域の社会資源の紹介を行う。継続して支援が必要な場合には、保健師による訪問などの個別フォローや、保健センター等が主催する親子グループなどへの参加を誘うこともある。

⑨子どもにも話しかけながら、相談を終え、親と子の関係も確認しながら、挨拶をして別れる。

(2) アセスメント：見立てと方針

1）アセスメントのための情報

子どもの発達については、発達の目安である一語文「ママ」「パパ」「ブーブー」などが出ておらず、まだ歩かない等、発達のゆっくりさが心配された。子育ての状況については、様々な課題が見出された。

転居して間がなく、近所に知り合いはいない。公共交通機関の便が悪く、父親が通勤に車を使用。日中は、母子2人、家にて過ごす。1階に台所等の水回り、3階に夫婦の寝室とベランダがあり、母親は1階と3階で家事をして過ごすことが多い。子どもは、階段から落ちないように柵を設置した2階の部屋で一人で過ごしている。その部屋には、危なくないように、また部屋を汚したり傷つけたりしないよう、玩具は置いていない。ハイハイをよくできるように家具なども置かず、クッションとテレビのみがある。子どもが一人でおとなしく過ごせるようにと、テレビをつけていることも多かった。

2）見立て

子どもの個別的な条件として、生まれもっての発達の弱さが考えられる。また、子育て環境としては、子どもが人とやりとりする機会が少なく、玩

具や自然物に直接触れて遊ぶ経験が乏しく、テレビからの一方的な長時間の刺激は多いというように、人や物とのかかわりの経験が偏っている環境の中で一人で過ごすことが多い。そのため、発達に必要な経験が不足していることも考えられた。

3）方針

生まれもっての発達の弱さもあるかもしれないが、まず、子どもの成長のための環境を充実させながら、発達の伸びを確認していく。環境を改善し、遊びや生活を通した人や物とのかかわりを増やして経過を観察し、そのうえで、医療機関の受診や療育の活用等検討する。

⑶ 臨床活動の経過と内容：特色と効果

1）保護者との発達に関する考え方と見立ての共有

子どもの言葉や運動の発達は、普段の生活の中で、心を動かされ好奇心が芽生える刺激があること、心の動きに合わせた共感的な言葉がタイミングよくかけられること、興味をひかれた目新しいものへ手を伸ばしたり近づこうと体を動かしたりすること等を通して育まれる。生活・遊びの質を整えるということは、例えば、五感を大切にした直接体験を増やすこと、手や体を動かす遊びや生活をすることである。テレビやスマホなどに頼りすぎずに、子どもと一緒に遊ぶ・かかわることが必要である。

2）保護者と現在の子どもの環境を検討する

子どもの成長のための環境として現在の家庭生活を見直すと、子どものためのスペースは用意されている。子どもと人とのかかわりや、子どもの好奇心がくすぐられるような直接体験が増えるように工夫するとよいと考えた。

3）方針を伝えながら具体策を保護者とともに検討する

「遊びや生活を通して五感を活用した直接体験を増やす」をテーマに、いく

つかの大まかな方針を提案しながら、具体的に家庭でできるアイデアを保護者に出してもらったのが、次のものである。

〈方針１〉 家事をしながら子どもの様子を見たり声をかけたりできるように、子どもにとっては大人と一緒に遊び楽しめるような環境をつくる。
　・具体策：台所仕事中は、子どもも楽しく安全にそこで遊べるものを用意する。例えば、大きめの箱に乾物の袋を入れておくと、子どもが出したり入れたりを楽しめる。ボウルに野菜の切れ端などを入れお玉を添えて子どもに持たせると、一緒に食事の支度を手伝っているつもりで楽しくかき混ぜる。また、洗濯物をたたむとき、子どもにはタオルなどを渡すと、お手伝いをしているつもりで一緒に楽しく過ごせる。

〈方針２〉 五感を大切にした直接体験の遊びを増やす。テレビやＤＶＤ、スマホでの遊び以上に、やりとり遊びや外遊びの時間が長くなるようにする。
　・具体策：家事は際限がないので、優先順位と時間を見積もり、外遊びに連れ出す。また、子どもの好きな玩具などを持って外出する。どのような遊びや玩具が好きかは、子育て支援拠点等で遊ばせながら、いろいろな玩具を試したり相談したりしながら見つけるのもよい。

〈方針３〉 地域の社会資源を利用し、子どもの遊び場と保護者が気軽に相談できる場を確保する。
　・具体策：地域の徒歩圏内の地域子育て支援拠点を探す。また、保育園などの園庭開放などの機会を利用する。

４）その後の経過

　上記の方針と具体策を家庭で工夫しながら実践してみることとした。また、子どもが人とかかわる機会を増やすこと、保護者にとっては子どもの発達にも良い影響を与えるかかわり方を学ぶ機会を増やすことをねらいとして、保

健センターの親子グループに参加することになり、保健師がその後の子ども
の発達の経過を確認することととなった。

　＊考察は119頁参照。

（義永睦子）

第2節 こだわりが強く発達障害かと悩む母親
──3歳児健診での事例

(1) 概要

主訴：発達障害の心配（3歳児健診時）。

被相談者：3歳児健診を受診した幼児Aくん（3歳4カ月児）の保護者。

場所：乳幼児健診会場となった保健センターの心理相談ブース。教室くらい
　　の広い部屋の中央に子どもの遊びスペースが作られ、その周囲に栄養相談、
　　心理相談などの個別相談のスペースが用意されている。

期間：3歳児健診の結果説明後の、個別の心理相談にて、約20分。

心理相談役割構成：心理相談担当1名、子ども担当保健師2名。

活動構成：前節（第3章第1節）に同じ。

(2) アセスメント：見立てと方針

1）アセスメントのための情報

　3歳4カ月のAくんは、電車やミニカーが好きで、いつも手から放さない。
また、公園に遊びに連れていくと、母親の横にくっついてなかなかほかの子
どもの輪に入らない。帰る頃になってやっと遊びはじめ、ほかの子どもが近
寄ると、キーキーと大声を出して威嚇する。「仲良く遊ばないなら帰る」と
言うと大泣きし、キーキーと大騒ぎをして帰ろうとしない。母親がネットで
「こだわり」「奇声」「パニック」と検索したら、「発達障害」の症状に当ては
まるように感じて、心配になり相談に至ったとのことだった。

　保護者から見て気になる行動について、詳しくうかがった。

　電車やミニカーがお気に入りで、出かけるときも持っていく。「こまち」

などの列車名に詳しい。おもちゃの線路をつなぎ、列車を走らせたり、踏切を開け閉めして車と電車を交互に通らせたりして遊ぶ。児童館等の遊び場では、母親の陰からほかの子どもの様子をじっと見ている。ほかの子どもが来ると、キーキー大声を出しトラブルになるので、最近は児童館に行かず、人のいない公園に連れていくようにしている。公園でも子どもたちが帰り始めるころになって、遊び始める。母親は、帰宅の時間になったので「帰ろう」とAくんに声をかけるが、遊びをやめない。帰る、帰らない、の押し問答になり、最後には母親が「帰るよ」と先に歩き出すと、Aくんがその後を泣きながら追って家路につくというのが常とのことであった。子ども同士のトラブルや帰宅の場面では、母親は、"どうせ言ってもわからないから"と手が出てしまうこともある、と話した。

　相談場面では、ほかの子どもが近寄ると、自分の電車を取られまいと大声を出す。相談員が、「Aくんは新幹線を使っているのね。お友達は、こっちの赤い電車を使いたいみたいだから、貸してくれる？」と話しかけると、使っていない電車を一つ手渡してくれた。「ありがとう！　貸してくれて嬉しいな」と言われると、Aくんは照れた様子であった。

2）見立て

　家庭と相談場面との様子からアセスメントを行い、次のことを確認した。

・Aくんは母親を心の安全基地として頼りにしている。母親とほかの子どもの様子を見ながら緊張をほぐし、少しずつ遊び出している。Aくんは、人への興味は育ってきている。電車を持ち歩くのも、安心を得るための材料の一つと考えられる。

・3歳の発達段階の特徴のひとつは、それぞれが自己主張をすることである。子どもだけで話し合いながら遊ぶのはもう少し大きくなってからである。どのように一緒に遊ぶか、ということを今学びつつある段階である。

・「こだわり」とみえる電車遊びは、イメージを膨らませながら見立て遊びをしており、特に問題はない「お気に入り」の遊びと捉えてよいだろう。

・「パニック」とみえる奇声と大泣きは、Ａくんなりの理由や思いの表現である。ことばでは十分表現できないので、行動に表現している。３歳では、まだ自分の気持ちを十分にことばで伝えにくい。また、大人もそうであると思うが、「○○しなさい」と言われても急に気持ちを切り替えるのは難しい。一方、Ａくんの気持ちをことばにして表して代弁し、周りの状況やこれからの見通しを伝えると、Ａくんはこれを理解し、気持ちを切り替えることができている。

⑶ 臨床活動の経過と内容：特色と効果

１）方針を伝えながら具体策を保護者とともに検討する

〈方針１〉　Ａくんのペースを尊重しながら緊張をほぐす。

・具体策　緊張が高いときは特に母親を心の支えとしているので、無理にほかの子どもと遊ばせようとせず、Ａくんが興味を示しているものを一緒に眺め触ってみるのもよい。

〈方針２〉　奇声と大泣きについては、いったんＡくんの気持ちを受けとめ、それから周りの状況を伝え、これからの見通しを伝える。

・具体策①　予定は、Ａくんのペースを考え、余裕をもって立てる。

・具体策②　Ａくんも見通しを持てるように、これからの楽しみな事柄や、理由を簡単に説明しながら、気持ちを切り替えられる時間の余裕をもって予告をする。

〈方針３〉　Ａくんの人とのかかわりの経験を増やす。

・具体策①　Ａくんが子どもたちの中で遊ぶことが楽しいと思えるように、Ａくんが安心できるように配慮しながら、他の子どもたちのいる遊び場にも参加していく。

・具体策②　子ども同士の場面では、Ａくんの気持ちを代弁して表出しながら、周りの状況を伝え、Ａくんの興味のあることから始めてみる。

〈方針4〉　叩く、怒鳴るなどは努めて行わない。怖いという印象だけが残り、何がいけなかったかは印象に残らないので、しつけとして効果が上がらない。好ましくない対人関係のパターンを学ぶので逆効果となる。

- ・具体策①　Aくんの様子から気持ちを読み取り代弁しながら、これからの見通しを伝える。
- ・具体策②　イライラが高じて手が出てしまいそうであれば、日中は子育て支援拠点など、スタッフのいるところで過ごし、子育ての相談などもできるようにする。
- ・具体策③　子どもの思いと大人の思いがぶつかるときは、どちらかに合わせるのではなく、子どもの思いと大人の思いのどちらも活かした新たなアイデアを探してみる。「一緒に遊びたい」「家事をしたい」というときに「一緒にいたい」気持ちを大事にしてできることを考える。例えば、「お手伝いなどで一緒に過ごす」「子どもから顔が見える位置で子どもに話しかけながら家事をする」など。

　上記の方針と具体策を家庭で工夫しながら実践してみることとした。また、子どもが人とかかわる機会を増やすこと、興味関心の幅が広がるきっかけをつくること、保護者にとっては子どもの発達にもよい影響を与えるかかわり方を学ぶ機会を増やすことをねらいとし、保健センターの親子グループに参加することになり、保健師が子どもの発達の経過を確認することとなった。

⑷ 考察（第1節・第2節）

・「三者関係」の考え方で、親子関係、親と子どもの生活の調和を工夫する

　乳幼児期の人間関係の臨床のメインテーマは、親子関係である。子どもの成長発達に望ましい子どもへのかかわり方や環境構成が目指される。その一方で、現実の生活においては、時間や空間の制約、大人と子どものそれぞれの生活のペースやリズムのギャップ、それぞれの思いや希望が必ずしもうまくかみ合わないことがしばしば起こる。どのように親と子どもの生活をお互いに無理せず、気持ちよく過ごすことができるか、工夫が必要となる。

第1節と第2節で紹介した事例は、一見異なった内容に見えるが、これら
の相談に共通しているものがある。それは、日々育ちゆく子どもと保護者、
家族がどのような関係を結び発展させていくか、というテーマである。

　生活リズムと要求がそれぞれ異なる大人と子どもが、同じ生活空間・時間
を共有しながら生活をするためにはどうしたらよいか。ここでは、「三者関
係」の考え方を手がかりに、親子が互いに無理せず、気持ちよく、子どもの
成長発達も促されるような関係の展開、発展について考える（三者関係につ
いては61頁参照）。

　子どものためにすべてを合わせるか、大人の仕事や家事を優先して子ども
には我慢をさせるか。このような、AとBのどちらに合わせるかという綱引
きのような関係を「二者関係」という。このような親と子の関係からは、ど
ちらが主導権をとるか、というような対立的な関係が育ちやすい。

　これに対して、「三者関係」という関係の型がある。
「子どもの要求や生活」（A）を大事にしながら、「大人も困らない方法や生
活」（B）も大事にしたい。それで、AかBのどちらかを優先するのでなく、
子どもも保護者も家族の思いも大事にした「第3の新しいアイデア」（C）
を考える、という関係の展開の仕方が「三者関係」である。また、上の子
（A）と下の子（B）の要求が対立したときに、きょうだい2人が共に心地
よくかかわり過ごせるように、きょうだい関係そのものにかかわる「間関
係」を活用するという三者関係の展開もある。

「三者関係」の考え方により、この場合〝大人も子どももどちらも心地よく
過ごせるように〟と考えていくことで、子どもがのびのびと成長発達してい
くために適した環境や人とのかかわり、生活の工夫の仕方にヒントを得るこ
とができる。そして、「三者関係」がうまく成り立つように工夫した結果、
子どもの成長にも良い影響が期待でき、また、保護者の子育ての不安の軽減
もできた事例は数多い。

（義永睦子）

第3節　不登校から自発的登校へ ── 小学生の事例

(1) 概要

主訴：不登校。

被相談者：小学生女児Ａ（小学校中学年）、母親。

場所：心理劇三段舞台の設置されたプレイルーム。

期間：1年6カ月、全20回。

心理相談役割構成：親担当（1名）、子ども担当（2〜3名）。

活動構成：

①子ども（Ａ）、親、リーダーの皆であいさつののち、心理劇を行う。

②親とＡは別れて各々活動する。Ａは心理劇的遊び、親は主に話し合い。

③親がＡの心理劇的遊びに合流し合同活動を行う。

④皆で、さようならのあいさつ。

(2) アセスメント：見立てと方針

　Ａは、母親の気持ちや意図を敏感に感じ取り、それに響くように明るくふるまっている様子がみられる。

①不登校のきっかけは、席替えの際に担任がＡ自身の希望に応えず、再度Ａの席の隣に特別に配慮が必要な子どもを配置し続けたこと。Ａの限界を超えた我慢や世話を期待する担任への不信感が生じたことである。

②母親は、しっかりとした態度で、娘の不登校になっている状況をきちんと説明し、現在の状態は学校の体制や担任のかかわり方によるものとして、不信感を募らせている。

③親子関係においては、Ａはしっかりしており知的で、少々形式的な母親の

期待を敏感に感じ、良い子としてふるまってきている姿がうかがわれた。

以上のような見立てから、心理劇を活用することが適切であると考え、次のような活動の目標、方針が立てられた。

1：安心できる親子関係の形成。

2：子どもの情緒の安定。

3：家庭や学校など、関係状況における適切な役割行為化の促進。

4：子ども・親・相談担当者との、共に育ち合う活動（心理劇）を通して、かかわり方の可能性を広げ、（三者関係的な）関係性を育む。

(3) 臨床活動の経過と内容：特色と効果

不登校が主訴であったAと親は、約1年6カ月の間の心理劇を通して、かかわり方において顕著にみられた矛盾・二極化の統合がなされ、大きく変化・成長していった。

1）二極に分断される人間関係 —— 一者関係の表出

〈心理劇的遊び〉

AとT（子ども担当相談員）は、Aの提案を活かし、舞台と部屋の隅を使い、「天国と地獄」、「教師が叱る学校と子どもが引きこもる家」などが、作られていった。

Aの気持ちや行為にそって展開される場面と人間関係においては、相互に遮断された（外在化した）構造と内容が表された。空間的に表された天国（光）と地獄（影）の間も距離があり、子どもの内面や人間関係が分断されているのだと捉えられた。またA自身は、どちらか一方（家、天国）に隠れ、包まれ傷ついた内面を守りたいといった願望が色濃く表れたものだった（一者関係的世界）。それは心理劇的場面だからこそ象徴的に表すことが可能な、実生活における本人の内面世界でもあり、疎外された関係性の表れでもあった。この段階ではこの一者関係性を、安全・安心、肯定受容することをねらいとして、布を利用し、くるまる、見えない場所に隠れるなどの心理劇的遊

びが活用された。

2）二極における関係性の肯定的な受容 —— 二者関係の成立

〈心理劇的遊び〉

　家から好きなハムスターを学校に持っていくなどの心理劇を行う。Aは次第に家と学校の領域を行き来するようになり、学校の場面では教師と生徒の相反する二者関係的役割（舞台の学校で自ら先生になり、ダメな生徒になったリーダーを叱る）といった関係性が受容され、さらに役割を交代するなど、二者関係が肯定的に活かされていくような心理劇が様々に積み重ねられていく。

3）二極の領域を超えての活動の活性化 —— 二者関係の流動化、統合

〈親子の心理劇〉

　親子、担当者の心理劇においても、二極の間の領域を活用し、走りまわる、スポーツをするなどの心理劇が行われた。二極の通路、行き来の役割をとり、自発的にふるまう姿もみられた。

　統合への大きな転換点とみられたのは、テニスの心理劇においてであった。自らテニスの試合を提案・設定し、ボールの役となり、選手の間を行き来したり、また飛びすぎたり外れたりして、間を様々に演じる役をとって、いきいきとふるまったのである。

　心理劇的遊びにおいては、舞台の2段目3段目も学校の教室以外の場所として使われ、二極の間が新しい意味ある空間になっていった。

4）二極化（二者関係）の転換、統合 —— 三者関係の展開・未来へ

〈親子の心理劇〉

　旅立ちと感謝の心理劇。最終章では、親子、担当者の全員参加で、子どもが主導的に監督、補助自我的役割をとり、旅立ちと感謝がテーマの心理劇が行われる。A自らが皆の行きたいところを実現するハワイ旅行を設定し、案

内役・接待役を生き生きと演じた。全員が新しい状況のなかで、各々が様々に役割をとり合い、かかわり、共に楽しく活動の体験がなされた。

(4) 考察

　最初に二極化し断絶していた舞台と部屋の端の領域（つまり人間関係）は、心理劇を通して見事につながり、単色から鮮やかな色に彩られるようなドラマ、多様な人間関係が繰り広げられた。Aは、学校の関係状況に傷つき不安で自己を固く防備していた状態から、ありのままの自己を肯定的に受け入れられ、情緒が安定し、演者、補助自我、そして監督の役割までも演じられるようになった。周囲との関係性は一者から二者へ、さらに三者関係へと成長し、新しい学校を自ら選び登校できるようになり、学校での生活も生き生きとしたものに変わっていった。Aは心理劇の舞台を卒業し、新たな生活へと巣立っていったのである。

　親子関係の大きな変化もなされた。心理劇のなかで、Aはダメな自分や主張を親に見せることができるようになった。親は、いろいろな場面のなかで、ありのままのAの姿や、また、生き生きと楽しくふるまう演者、思いやりたっぷりの補助自我、次々と創造的に場面を設定し方向を出すAの輝かしい姿を感じることができ、Aへの多面的理解が進み、Aの問題の受容と柔軟なかかわり方が可能となり、親の著しい成長がみられた。

　一者、二者関係的に固定化していた親子関係は、親子共に心理劇を楽しんで行うことにより、柔軟な三者関係へと変化し、同時に不登校という問題も解決の方向へと向かった事例である。

（吉川晴美）

第4節　児童養護施設で暮らす子の人間関係の再構築
—— 中学生の事例

(1) 概要

主訴：児童養護施設で暮らす中学生の学習支援、継続した1対1の人間関係
の体験。

被相談者：中学生1年生女子（A）。

場所：児童養護施設B施設（居室、図書室など）。

期間：3年（高校進学後は学習支援として出会うことがなくなるが、その後も相
談相手としての関係が続く）。

活動構成：1回につき2時間。週に1〜2回、学習支援を行う。

　Aとの学習支援において、次のような活動の目標、方針が立てられた。

(2) アセスメント：見立てと方針

　Aは小学校4年生からB施設（児童養護施設）で暮らしている。兄弟がい
るが、入所の経緯でばらばらになっていたところ、最近になって（1年以内
に）兄弟が再統合した。入所の経緯は両親の別居、親の養育困難である。A
が小学1年生のころから父親が1人で養育を試みるが、パチンコ店巡りなど
に明け暮れ、Aを一緒に連れまわし、小学校に通うこともままならず、約3
年間過ごしていた。ある日（Aが小学4年生のとき）、Aの祖父母が暮らすマ
ンションの荷物置き場にAが置き去りにされる。祖父母や親戚が養育するこ
とも検討されるが、困難と判断されB施設入所となる。

　Aは、同じ棟に暮らす仲間や隣の棟に暮らす幼児に対してはとても面倒見
がよく、適度なかかわりをもっている。しかし、同年代や年上の異性に対し

て、また同性であっても、大人と1対1のような場面では表情も硬く、ことばが少なくなり、時には無視するような場面もみられる。

　また、小学生のときに基本的な生活を送ることができず、勉強をする態度や習慣が身についていないため、学習に対しては自信をもてないところが多くみられる。さらに、「今さら聞けない」と分からないままにされているところも多い。

　Aとの学習支援において、次のような活動の目標・方針が立てられた。
①高校進学に向けた学習意欲を持つこと。
②特定の人、Aのために通ってくる人との継続した人間関係の構築。
③安心して自らのことを適切に表現すること。
④未来に向けた人間関係のモデルの構築。
⑤情緒面での安定と自立に向けた準備。

(3) 臨床活動の経過と内容：特色と効果

　C（メンタルフレンド）が児童養護施設で暮らす子どもA（中学生）に対して約3年の間行った学習支援を通して、Aの人間関係の顕著な変化がみられた。Aの人とのかかわり方において、①人との出会いへの緊張や不安、期待と喜びの相反する関係、②具体的活動の共有、③人間関係の深化、活動の活性化、④関係の統合、目標達成の喜び、⑤安定した人間関係の継続という経過をたどった。

　AとCの人間関係が変化し、それがAの未来への自立の一助となる人間関係のモデルとなり、大きく成長していった。

1）隠れる、探す関係 —— 人間関係の分断と成立

　A（中学生）は、C（メンタルフレンド）が担当となることが決まり、自分にとって特別な存在が来ることを喜んでいる。しかし、実際に居室で1対1の関係になると、「あんただれ、知らない、ガッシャン（シャッターを閉めるしぐさ）」「見ないで」「きらい」「あっち行って」など、関係を断つような発

言を繰り返す。話しかけても全く返答しない。さらには机やタンスあるいはベッドの下に隠れ、Cとの出会いを期待しながらも、緊張していることを激しい行為で示す。相手の気を引こうとしている行為ではあっても、活動時間である2時間のすべてが隠れているAを探すことで終わってしまう。出会いから約5カ月もこの激しい行動が続き、Cは落ち込み、自信をなくしていく。AはそのCの様子を見ているが、なかなか行動が変化するきっかけをつかむことができないでいる。Cの困っている姿を見て、安心し、めげずに繰り返し付き合ってくれることが目に見えない喜びとなっている。

　この時期は、3年間の関係の中で一番印象に残るほど激しく分断された、手がかりのみえない関係であるが、関係をつくる基盤となる大切な期間である。

2）相手をよく知ること —— 二者関係の成立

　学習支援が目的であるが、学習以外の活動（夏休みの自由研究の実験、バドミントンなどのゲーム）などをきっかけに、AとC2人で直接会話を交わすことができるようになる。関係が行きつ戻りつであるので、かくれんぼのような行為が全く消失したわけではないが、瞬間的に会話ができたり、物（課題）を介して出会うことができるようになる。

　その時の特徴として、①物（学習以外の）が媒介になっていること、②普段はCがAを気にかけていることを感じてもらえるようなかかわり（無視されてもめげずに話しかける、Aの身の回りにあるものをほめるなど）をしているが、ある時ふと思いがけないタイミングで、AからCのことを知ろうとする姿が見られることが挙げられる。

　例えば、AからCの仕事や持ち物について、大人がハッとするくらいCの頭のてっぺんから足の先までよく観察していると思える質問や言動がよく起こる。例えば、いつも縞柄の物を好んで使っているCがたまたま花柄のペンを使ったとき、「Cじゃない、しましまじゃないから」と今までの中ではなかったような会話をしたことがある。そのときに注意しなければならないの

は、適切な距離をもった応答である。目の前のことを共有する（持っている
文房具をCがどのように気に入っているか、大切にしているエピソードを語る、
またはどんな勉強や仕事をCがしているか、どんなテレビ番組を見ているかなど）
のは可能であるが、家族の話や将来の話、住んでいるところなど、子どもの
生活や将来に影響を与えると思われることは、ここでは適切に抽象化して話
すことが大切である。

3）人間関係の深化 —— 三者関係への広がり

　Aとの関係も1年以上となり、具体的な活動の共有も増え、出会いのとき
に味わった激しい「かくれんぼ」がなくなりつつある。しかし、Cとの出会
いには儀式のように、まず「かくれんぼ」が繰り広げられ、このころの「か
くれんぼ」は、相手の顔を見ながら、会話を交わしながら行うゲームのよう
な楽しみをもつものとなる。

　このころ、Aの親が見つかり、家族の再統合（親との面会や外出ののち同
居）も調整・実施されていたが、突然交通事故で亡くなったとの知らせが入
る。Aはあまり動揺した様子も見せず、再統合のプロセスの中で味わった親
との思い出の品（例えば外出時に買ってもらった小物入れ）をCに見せるなど、
淡々とその状況を語る様子も見られる。

　また、学習課題にも取り組めるようになり、学校の宿題やプリントを一緒
にするようになるが、基本的には学校での出来事や日々感じていることを会
話しながら、勉強だけでなく、友達と会話をするように、楽しい雰囲気で時
間を過ごす。

　しかし、ある日Aがふざけて勉強を避け、度を越してはしゃいでいる姿に
対し、「困った」とCが伝えると、「もう勉強しない」とAが怒り、けんかの
ような危機的な状況になった。そのとき、Aが追いかけてくることを期待し
て、Cが部屋から出ていくと、Aが追いかけるように、今までの「かくれん
ぼ」の探す人と探される人の役割の交代が起こった。施設の出口まで行くと、
Aはしゃがみ込み、逃げるCを寂しそうな表情で見つめ、CはAのところへ

戻り、役割が交代したかくれんぼは終了となる。これ以降、お互いの気持ちを素直に表現できるようになり、Aの、Cを試したり気を引こうとするような行為は減り、Cも大人として「やってほしくないこと」をAの調子に左右されず、そのまま伝えられる関係ができる。

4）人間関係の転換、統合 ── 三者関係の展開・未来へ

Aが中学3年生となり、高校受験を迎え、これまで以上にCとの会話も弾み、中学校の生活も順調である。修学旅行で体験したことを楽しそうに語り、その作文をCに頼りながら作成することもできるようになる。Aの情緒の安定がみられ、1対1の場面でも適切な感情のコントロールができるようになり、自信のなさが言語的表現の難しさにつながっているが、Cとの関係の中での感情表現は適切で、より豊かなものとなってきている。

3学期になり、志望校の入試に挑戦し、無事に合格する。合格発表の日の夜に、Cの留守番電話に合格した旨をAの言葉でしっかりと伝えることができる。

Aの高校入試を目指した学習の支援は目標達成となり、AとCの1対1の学習時間をもつことは終了となる。

5）学習支援後の人間関係

AとCの1対1的な場面での学習支援が終わった後も、CはB施設全体のメンタルフレンドとして、行事や施設内に別の役割で出入りが続いている。Cは施設内でAと偶然出会うことができたときには、高校生活など近況を聞くことが続く。1対1ではない、たくさんの人がいる中でも、Cは「Aにとっての特別なお姉さん」のような関係が続き、居室の中でなくても2人でおしゃべりしているような、集団で生活する施設生活の中ではなかなか得られない、特定の人間関係を維持できている。

また、高校3年生になり、今度は就職・自立に向けた準備が始まり、その心配や不安、A自身のがんばりをAがCを見つけては語る姿がある。無事に

地域の食品販売店に就職が決まり、そこで職人の資格をとることを目標にするなど楽しみも語られる。

Cは、Aの自立後もB施設の行事のときにAと出会えることを期待して、継続的に施設との付き合いは続いている。さらに、施設以外でもAとCは年に1〜2回程度約束をして出かけ、語り合い、Aの求めるときに買い物の手伝いや仕事の息抜きに出かける。Aが必要とした支援は、Aの引っ越しに必要な電化製品・身の回りの消耗品を揃えることの相談や同僚の結婚式の準備の手伝いなどであった。同僚に聞くことはできないけれど、身近なちょっと誰かに聞きたいことを一緒に共有できる相手として、Cは機能している。

また、就職した7年後、Aは職場で出会った男性と結婚し、2人の女の子を出産した。そのときには式を挙げるなどのお披露目はしなかったが、結婚した相手との思い出のレストランでお祝いの会を行い、出産後はCの家にAの家族全員が招かれるなど、家族ができた喜びを心地よく共有できている。結婚生活や子育てに関することを、特別な人間関係をもつCと共有し、つかず離れずの適度な距離で関係を継続することがAの生きる力となっている。

(4) 考察

何かしらの事情があり、親元を離れて児童養護施設に暮らす子どもの数は約3万人いる。2歳から18歳までの子どもが暮らすその施設において、高校進学に向けた学習支援は重要な課題のひとつとなっている。高校進学を目指すことは、施設入所の継続の条件であり、さらには将来の自己実現（職業選択等）の可能性を広げることである。また、高校進学後に施設出身者の20%が退学しているといわれ、子ども一人一人に合った丁寧で適切なかかわりが必要であると考える。

また、児童養護施設以外の母子生活支援施設に暮らす子どもや、その退所後の子どもであっても、経済的なことが理由で思うような進学ができない、職業選択の幅が狭まっていると考えられるケースが多くみられる。

ここでは、児童養護施設（母子生活支援施設）等で行われている個別学習

支援を通して変化した人間関係について紹介した。

　児童養護施設などで暮らす子どもたちにとって必要とされる基本的な生活をする環境づくりは、様々な職員によって工夫されている。しかし、それは集団生活が前提であること、多様な背景をもつ子どもたちであるなど、施設ならではの特徴があるため、その支援にはより専門性が求められる。

　特に一人対一人の継続した人間関係が得にくく、さらにその施設での生活は10年以上にわたるケースも少なくなく、子どもの将来を考えると、適切な人間関係のモデルが得にくいと考えられる。

　本事例は、継続した３年間の学習支援で様々な人間関係の危機を乗り越え、さらに自立後も、継続して適切なつかず離れずの距離を保った関係を築いていったケースである。

　そのプロセスでは、①行きつ戻りつの関係に根気よく向き合うこと、②Aを取り巻く職員と連携をとること（Aの様子を他の人と話し合い、次へのかかわりへ活かすこと）、③学習支援であっても、学習だけに特化せず、柔軟に子どもの情緒の安定を目指したかかわりを目指していくこと、④子どもと共に活動を楽しむこと、⑤支援者の独りよがりにならないよう、適度な距離を保ち、関係を維持すること、がポイントとなっていたと考える。

（田尻さやか）

第5節 「空気が読めない」生徒がいるクラス集団への対応──高校生の事例

(1) 概要

主訴：生徒A（高校2年、女子）がクラスで特別視され、浮いている状態を
どうしたらよいか。授業中の一方的な発言により授業が滞る。

被相談者：高校教師T。

方法：心理劇等の活用による教育臨床的方法。教師1名、生徒30名。

場所：高校の教室。

期間：1年間、全30回。

相談員の心構え・方針：個々が尊重されて共に活動し、互いに育ち合える関
係となるよう、心理劇の経験のある教師Tの訴えに対して、以下のような
活動構成にする。

活動構成（授業場面）：

①授業中のA（クラスの多くの生徒が騒がしいと評価する子）の言動の意味を
捉え、活動に活かす。

②Aを助ける生徒（S）をサポートする。

③問題状況にある「関係」を捉えサポートする。

心理劇の実施（展開・共有・問題の変革）。

(2) アセスメント：見立てと方針

Aの性格は、明るく、クラスメートや教師など誰にでも人懐っこく親しみ
を込めて話しかけ、明るく笑う。一見、外交的に見えるが、話出すと声高に
話したり、他より目立つ感情反応となることがある。一日中一緒にいる周り

の生徒は、Aについて次のような見方をする。

授業中に、自分の思いのままに、皆が気にも留めない些細なことを質問し、授業が進まないことがあり、おかしいときに大笑いしたり、奇声を上げるオーバーなリアクションをいぶかしく思う。

Aが外れたような雰囲気は、①Aの発言を「空気を読まない発言」と、Aの周りの生徒が捉え始めた頃からだった。②Aが、再三同じような「空気を読まない発言」になると、「A、うるさい！」と周りの生徒から声がかかり、他の生徒も同調し、苛立ちや怒りを表した。その頃、③他の教科の教師らからも、「Aのふるまいで授業が進まない」と複数の報告があった。

その頃から、Aはクラスの多くの人から相手にされなくなった。そして、図書室・職員室で先生と話していることが多くなった。昼食は食堂でいただくはずだが、「食べたくない」などと言い、昼食時は教室や図書室にいる。教師側から見ると、仲間外れのように見える。

養護教員およびスクールカウンセラーに、注意すべき病理の所見はあるのか問い合わせたが、「学校への心理的な診断報告はない」という回答である。

以上のような経過から、Aのクラス集団の中での発言や行動によって周りの生徒がAを遠ざけるなどの人間関係のつまずきを生じていると見立て、Tは次のような活動の目標・方針を立てた。

①個々の特性を活かし尊重し、互いに学び合っていると実感できる工夫をする……Aの発言を活かし教科内容へ結び付け、Aを授業の中に位置づける。

②Aと他の生徒をつなげる……Aと他の生徒の間をとりもつ生徒の存在を大切にしつつサポートする。

③問題の様々な見方について学ぶ……関係を意識する心理劇の実施。

(3) 臨床活動の経過と内容：特色と効果

1）Aの発言を活かし授業内容に結び付ける

Tは、Aが述べる発言の中から一部分を取り出し「Aさんが答えたように……」と前置きをつけて、〝Aさんの述べた一部分〟を、授業の流れに位置

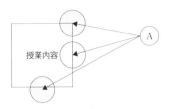

○＝Aさんが表現したことば

図3-5-1　授業内容に結び付ける

づける。このように、授業内容とAの発言が関連するよう結び付ける工夫（図3-5-1）が必要であると考える。

周りの生徒は、（すぐには乗ってこない）それを続けるうちに、授業内容と結び付いたAの発言に対してクレームをつけなくなった。

2）Aと他の生徒の間をとりもつ生徒を支え、
　　生徒間のコミュニケーションをうながす

TがAばかりを優遇するようなことがあってはならない。Aの不用意な行動は当然とがめる。例えばAが隣のXに対し、繰り返しことばをたたみかける。相手が嫌がる様子を見たり、集団を乱す行為には注意指導をする。図3-5-2のように、Aも周りの生徒も、常にTに対し平等感が育まれるように配慮した。

また、図3-5-3のように、Aの普段の行動が行き過ぎたときに注意するサポート役（S）がクラスの中から自然発生的に現れる。Sは、迷惑と思う人の代表になり、Aが羽目を外すと注意するが、Aを観察していて、必要な

○：他の生徒
Ⓣ：教師
Ⓢ：サポート

図3-5-2　教師の個々の
　　　　　生徒へのかかわり

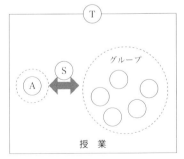

図3-5-3　生徒間のコミュニケーションが
　　　　　活発になる

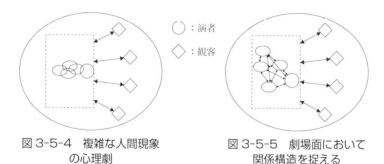

図 3-5-4　複雑な人間現象の心理劇　　図 3-5-5　劇場面において関係構造を捉える

ときには助ける。こうした間をつなぐ人には、時折教師は「Ａと皆の間で苦労するわね」「こうした経験が他の場で生きるわよ」「あなたの行動や苦労を見ている」などと伝え、Ｓを支える。

3）問題の多様な見方について学ぶ —— 様々な関係について意識する

複雑な状況（接在共存状況）を「かかわり」の観点から、自己・人・物との関係（自己と自己、自己と人、自己と物、人と人……との関係）を捉えて整理（構造化）し、複雑な人間現象を皆で考えるため、心理劇を行い、関係を捉える（図3-5-4）。

次に、劇を見ていた観客に、劇場面での様々な関係を挙げてもらう。

さらに、この問題をめぐるいろいろな関係を捉え、どの関係を変えるとよい方向へ進むかを考える（図3-5-5）。

家族の問題状況を考える学習の中で、不登校に関心があると集まった子どもの問題を考えるグループの心理劇を、次に紹介する。

〈「クラスメイトに悩む中学生」の心理劇〉
役割：いじめられる子（中３女子、Ｍ）、いじめる子 a・b・c、先生、母、壁。
場面設定：中学３年の教室、朝、Ｍにいやがらせをする。
心理劇の展開：学校生活を楽しく送るある日３人の男子（a・b・c）が、

Mの靴をロッカーの陰に隠した。Mは靴を探し、見つけた。靴を隠した３人に不信感を抱き、先生に〝靴を隠され、いたずらではなくいじめられた〟と打ち明けたが取り合ってくれない。家に帰り母親にそのことを伝え、いじめられたと話した。母親は家事をしながら聞くが、話が飲み込めない。それで学校に出向き、先生にMがいじめられていることを相談したが、先生は何も言わなかった。

劇後の参加体験・感想：観客／クラス全体でのいじめは恐ろしい、先生も親も見て見ぬふりのよう、誰一人として相談にのってくれる人がいないことが見えた。壁／意地悪され、どんなにつらいことか分かった。先生／いじめられていると思わない。母／家事が忙しく、娘の話を聞いてあげられない。いじめる子ａ／あいつなんだか嫌だ。いじめる子ｂ／Mは先生に優遇されて気に食わない。いじめる子ｃ／ａがMを嫌っているから僕も嫌だ。M／どうしていじめられるのかな……。

4）教師（心理劇監督）の配慮とその効果

Aと共に行う教師Ｔ（心理劇監督）の気がかりは、グループのつくり方と役割設定であった。

①グループづくり

Ｔは心理劇の内容にAがかかわれるように、事前に生徒たちの関心事に基づいてグルーピングを行った。Aは、子どもの問題・不登校に関心をよせた７名のグループに入った。生徒の関心に基づいてできたグループだったので、メンバーはAを自然に受け入れた。

②役割設定

Ｔは、役割を決める段階で「人だけでなく、生活に欠かせないネコや犬、家のドアや庭石になることもできる」と役割の幅を広げて紹介し、Aの役割は壁となった。そこでＴは、Aの心理劇での役割は適当と判断した。

③心理劇の効果Ⅰ

劇後の参加体験・感想から、Aはいじめられた子（M）の孤立感やいじめられるつらさを壁の役を通して客観的に捉えた。また、いじめる子の気持ち

表 3-5-1　心理劇においての関係構造〈生徒が探った関係例〉

生徒（M）⟷ 教師 ………………………	生徒は相談にのってもらいたい／教師はあまり聴いてない。
生徒（M）⟷ 生徒（a、b、c）………	いじめっ子といじめられっ子。
生徒（M）⟷ 生徒（対象以外の生徒）…	対象以外の生徒は傍観している。
親　　　⟷ 教師 ………………………	問題の理解を深めるため助けを求める／状況が見えにくいので即答はしにくい。
生徒（M）⟷ 周りの人 ………………	信頼のおける人がいない。
教師　　⟷ 生徒（対象以外の生徒）	生徒間の事情を聞きたい／状況を伝えようとする
その他　・親と子と教師………バラバラ（統合されていない） 　　　　・女の子、いじめる子、先生、母、壁・友達、先生

や母や先生の立場からの事情などが話されることにより、いじめられている子を助けるべき立場でも、それぞれ事情があると気づいた。

　また即興的に行われる心理劇においては、問題状況は複雑そうに見え、何が重要なのかを捉えにくい。そこで、生徒自身に気づいた関係を挙げてもらう。ここでは、表3-5-1のように主に6つの関係を挙げることができた。

　次に、問題の解決にむけて、関係の発展・変革の可能性を考え、話し合う。そして、関係のどこかを変えること（例えば、生徒が先生にいじめられたと訴えたときの教師の対応を変える、いじめたcとお母さんと話してみるなど）を考える。時間に余裕があり、続きの心理劇を行うことができれば、さらに解決の糸口が見つかるであろう。

　このように、生徒たちは、心理劇の演者と観客という立場をとり、共に問題を「関係」というキーワードを軸に、問題状況を役割行為によって体感・認識し、関係発展の方向を探っていく。これにより、クラスの人間関係の意識を変えていくことになるのではないかと考える。

⑷ 考察

1）生徒（中・高生）の発達とクラス内の人間関係
高校生期は中学生期のいわゆる思春期をおおよそ経てはいるが、心理的・

身体的な成熟にはいまだ至っていない。

　中学生期(12〜15歳)では、担任と長時間かかわるのではなく、科目ごとに教科担当の教師との関係をつくるが、クラスの生徒は一日中一緒にいる。そのため、生徒同士のぶつかり合いを含めた話し合いの中で親密な関係を深めていく。また、3年生になれば、自身で活動の方向性を決めていく。こうした中学の3年間での教師との関係をみてみると、1年生は教師から認めてもらいたい気持ちが強く、教師の問いには競い合って答える様子がうかがえる。しかし、1年生の半ば〜2年生になると、全面的に教師にゆだねるのではなく、自身で自分の方向性を示すことが増える。さらに3年生ともなると、迷いを教師に相談するのではなく、生徒同士同じ立場にて考え合い相談し、自分たちの考えを打ち出すようになる。このように中学時代は、活動の方向性を主体的に決め、行動するようになる時期である（基礎づくり）。

　高校生期(15〜18歳)での教室事情は、生徒間で決めて行動する自治が色濃くなる。自主自立が目ざされる楽しいはずの学校生活の影に、学校をステージにした〝いじめ〟や不登校が増える時期でもある。また、事情は異なるが、摂食障害または発達障害など精神的な病を抱える子どもも増え、種々の支えや配慮を必要とするが、普通学級で学ばせたいと考える親が増えている。そうした事情が重なり、多様な配慮を必要とする生徒が集まる。

2）心理劇のねらいと効果

　このように心理劇を通して生徒同士でかかわる中から、①生徒間の自治をはばむ問題を積極的に考え（問題の分析）、②人の痛みを知り、どのようにかかわり合えばよいのか考え（人間関係の技法）、③人間本来の尊厳や基本的人権、真の平等や公平について考える（人間関係の基礎理論）糸口となり、人間関係の教育的な効果が期待される。

　学校（集団）では、少々嫌われることがあると、簡単に一人対大勢のアンバランスな力関係が生まれる。そのアンバランスに遭遇したときの教師・リーダーの役目は大きい。ここで試みた、①外す・外される関係の転換、②一

人対大勢の間をつなぐ、③問題にかかわる関係を捉える、④心理劇の効果Ⅱ、の4点について考察する。

①外す・外される関係の転換――一人一人を尊重し、集団の中に位置づける

　教師のAに対するふるまいを見て、生徒たちは次第にAの発言をよく聞くようになった。見方を変えれば、Aは良いことも言っていると気づき、次第に、Aだけでなく、人の言うことを丁寧に聴くようになった。発言者を理解しようという聞き手の聴く姿勢は、個々それぞれが異なることにも気づく。教師や友達同士がその異なる特色を活かし、相互に影響し合い信頼が育まれた。

　授業の中で、一人だけ特殊な人（孤立した人）をつくらないために、教師・リーダーは、授業時の根底に納得する考え・理論（例えば「個々を尊重すること」など）を設ける。その理論に近づける工夫（技法）が必要である。ここでは心理劇を用い、人はそれぞれ異なる考えを持ち完全一致することはない、と学習する（『旅のおみやげ』の心理劇など）。そして「個々を尊重すること」を受けて、5月ごろになると、授業中のAに関してのクレームが激減した。Aが変わったわけではなかったが、時間が経つにつれて、生徒は、Aを良いも悪いもそのまま認めて過ごすように変化した。

②一人対大勢の間をつなぐ

　人間関係の三者関係（関係学会、1994）の原理がはたらき、人間関係を「間」関係的に把握する。三者関係が成立すれば、関係通路が増える。

　9月ごろ、サポート役（S）が、自然発生的に現れた。Sは、Aとその他の生徒の間に入り、授業の雰囲気を変える役となった。Sは、Aをうるさいと思っている人々の不満を引き受けた感があり、Aにピシッと逸脱の限界を知らせる。また、Aへの攻撃についても、皆へこれ以上はダメという限界を示す。また、Sは偶然Aと同じグループになり、心理劇を行った際、Aにふさわしい役を付与した。心理劇の行演後、Aは担った役の立場から、その場にふさわしい的確な気づきを示した。皆はそれを素直に受けとめた。

　このように、クラスの生徒の関係通路が図3-5-6のように9通りと飛躍

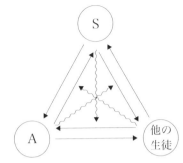

図 3-5-6 「三者関係」の関係通路

的に増え、関係発展が促された。関係通路が増えたことにより、Aは孤立しにくくなるのではないかと考えられる。

③問題にかかわる関係を捉える

Tは日常生活での複雑な人間関係の現象を捉える手立てとして、心理劇を活用した。そこで問題・課題の心理劇を行い、問題状況にある複雑な関係を探し、その関係を構造化し、客観的に捉えると問題・課題が理解しやすくなる。そして、そこにある各々の立場での気持ちを参考にし、その場に沿った問題を解決するよう、変える関係をいくつか探す。そして再び、続きの心理劇を行い、変えた関係で、周りへの影響を捉える。

直接、問題解決にはならなくても、それをもとに、生活の現場に持ち帰り、問題を解決する手立てに気づく力を育むと考える。

1年の後半12月ごろ、心理劇を行い、問題状況を客観的に捉え話し合った結果、多面的な見方に気づき、問題の本質に目を向けるようにもなった。そして生徒たちは、目の前にいるAの立場や、Aと自分との関係やAを含むクラス全体の状況をも捉えなおしているのか、新たなAとの関係を模索し始めているようだ。

④心理劇の効果Ⅱ ── 問題対応力の養成

生徒から劇後に、問題（いじめられた子のつらい思いや学校に行きたくない思い、母や先生や周りの生徒を信頼できない気持ち）の解決にはどうしたらよいかについて、問題を感じる生徒は自分の中に溜め込まず、人間関係の違和感を他者に相談することが必要、そのための場（相談所）・相談者（親身になり受けとめる人）が必要、積極的に人間関係の理解が得られる環境が必要など、先に向けての気づきや提案がなされた。このように心理劇を行うことによって、生徒たちは問題を多面的に理解し共に取り組むこと（方法や考え

方）や、解決する姿勢（行動する）が育まれたのではないかと考える。

　この事例は、集団における生徒間の一人対大勢のアンバランスな関係から起こったものである。一人を孤立させてしまうか、回避するかは、教師・リーダーの働きは大きいと考える。当然のことだが、教師が状況に合わせて一人一人を把握し、尊重し、集団における相互的な信頼関係を育む工夫が日ごろから必要であると考える。

文献

・関係学会（編）『関係学ハンドブック』関係学研修所、1994.
・黒田淑子『生きることと人間関係——心理劇の活用』学献社、1988.
・黒田淑子『心理劇の特質——ドラマ探訪』朝日クリエ、2008.
・松村康平・板垣葉子『適応と変革』誠信書房、1960.
・日本関係学会『関係〈臨床・教育〉——気づく・学ぶ・活かす』不昧堂出版、2011.
・吉川晴美「関係構造論」、『関係学研究』第 1 巻第 1 号、1973.

（中村洋子）

第6節　娘の不登校問題を通して自らの生き方を問い直す母親 —— 電話相談の事例

⑴ 概要

主訴：不登校（高等学校）。

被相談者：娘（高校2年生）の不登校に悩む母親。

方法・場所：電話相談・電話相談室。

期間：およそ6年間、約70回。

活動構成：相談員と被相談者による電話を介しての相談。

相談員の心構え：傾聴し受容すること。

⑵ アセスメント：見立てと方針

　初回の電話相談では母親に極度の不安による混乱がうかがえた。そのため、まずその不安を共感的に受けとめる対応をし、落ち着いてもらうこととした。第二に、気持ちに寄り添って傾聴し、より良い方向性を被相談者自らが獲得していかれるよう援助することを目指した。

⑶ 臨床活動（電話相談）の経過と内容：特色と効果

　家族構成は、被相談者、夫（会社員）、長女（高校2年生）の3人である。相談者は専業主婦で、家事育児一切を自分の役目として行ってきた。およそ6年間の相談の内容の変化から、3つの時期に区切ってみていく。

1）娘の不登校という問題に直面して、不安にさいなまれた時期

初回から2年目あたりがこの時期にあたる。

電話のかかる頻度は月平均して2～3回のペースであった。時には涙声に
なるなどから不安の強さがうかがわれ、それを鎮めるために心に溜まってい
るものを吐露する場所が必要であったと思われる。

2）娘の不登校を受けとめようと葛藤するうちに、夫への疑問、違和感が 生じた時期

2年目後半から5年目に入るころまでである。

徐々に落ち着いてきて、見方・考え方に客観性が感じられるようになる。
それとともに夫の娘に対する態度に疑問を感じ、その人間性に不信感を抱く
ようになっていく。

前段階では不安な気持ちを吐露して聴いてもらえるところとして電話をか
けていたが、この時期は夫に感じる疑問や違和感、怒りの気持ちなどが正当
なものかどうかを確認する意味合いが含まれるようになった。

> 「娘にはもう学校のことは言わないようにした。私が〝学校〟と口にすると
> 娘は混乱しヒステリックにわめく。その追い詰められた様子が、かわいそう
> と思うようになって言えなくなった。
> 　先行きの不安ばかり思っていても仕方がないので、このことをどう受けと
> めればいいのか、自分なりに考えたくて関連の本をあれこれ読んでいる。娘
> の成績はよかったので、とにかく学校、学校、と思ってきたけど、体験談な
> ど読んで少し気持ちが楽になって、今は黙って見守るしかないと思い始めた。
> 私がそんなふうになったからか、娘は落ち着いてきた」
> 「娘の問題で私が本当に苦しかったのは、主人に相談できなかったこと。
> 〝お前の育て方が悪い〟と思っているのは分かっているので、本音で相談す
> ることができなかった。主人は世間的には一応エリートと目される人。私は、
> 黙って従っていれば間違いないだろうとずっと思ってきた。でも弱って動け
> ない娘に、自己啓発セミナーのパンフレットを突き付けて、〝ここに行け〟
> と迫っている主人に全くついていけなくなった。それから娘は居間に出て来
> られない。私には主人が別の世界の人のように感じられる」

3）夫婦関係が主要テーマになり、改めて自分の人生を主体的に捉え直そうと模索し始める時期

　5年目以降は電話の回数が極端に減っていった。

　ほぼ1年近く電話がかかってこない時期があった。電話相談室としては長いインターバルになったが、被相談者の生活は大きく変化していた。沈黙の1年間に被相談者は自分の生きる方向性を見つけて、確かな手ごたえを得たようだ。久しぶりの電話があったのは6年目に入ったころである。その後長い間をおいて、2、3回かかってきている。この時期の電話は今の自分の状況の報告と、今後の方向性を確認する意味でかけてきているように思われた。

> 「娘の不登校に悩んでから、ずっといろいろ考えてきた。そして娘を守るには私が自立しなければ、と強く思って、仕事に就くための資格を取ろうと勉強を始めた。パートにも出始めた。すると思いがけず、娘も大検を受けたいと言い出して、一緒に勉強している。主人とは以前のようには接することができずギクシャクすることも多いが、娘が大学を出るまではこのままいくつもり。経済的なものは大きいので……。主人、娘とは別の、自分の人生があると考えるようになった。その方向に少しずつ進んでいきたい」

⑷　考察

1）電話相談の行い方について

①電話相談室の状況：週4日開設、電話回線は1本、相談員は各曜日2名、在籍者7〜8名。

②電話相談の原則：被相談者・相談員とも匿名、1回性、その時その場限りが原則、継続される場合は被相談者の意思のみで行われ、あくまで1回性の積み重ねである。

③相談期間、回数の不確定：1回性の積み重ねとしての継続であり相談員も特定できないため、始期終期を明確に捉えられない（〝およそ〟としたのはそのためである）。ただし、相談員は全員、継続者としての認識を共有して

いた。

2）事例について

　この相談の始まりは、娘の不登校という子どもに関する悩みであった。母親として娘をどうすることもできない事態に直面し、これまでの価値観が大きく揺らぎ始めた。その不安を払拭するために、これまでとは違う視点でこの問題を捉えようと努力し始める。そしてそれは自分の人生を問い直すきっかけともなり、むしろそちらのほうが自分にとってより重要な課題であることに気づいていく。それはこれまでの夫婦関係を考え直し、夫に従うばかりだった自分を見直すことから、少しずつ自己を回復していく作業ともなった。また母のそうした変化は、娘にも前向きに生きる意欲をもたらした。

　そして将来を具体的に見据えて、夫には経済面を担ってもらうために、娘の大学卒業までは離婚しないと心に期すに至る。

　長期間電話相談を利用したのは、心にわだかまる思いを吐露できる場であり、受容的に傾聴する相談員から認められ、示唆を受けるなど、心のエネルギーを蓄えるよすがになると感じたからであろう。

　当事例の被相談者が真に健康な心を有し、客観的なものの見方ができる人であったことが、自分自身を回復していった重要な要因であるが、その経過に寄り添った電話相談の有用性も、大いに発揮されたといえるだろう。人はさ迷う気持ちを聴いてもらうことで、充分に自己回復していくのだと、この事例は教えてくれている。

（羽田里加子）

第7節　アイデンティティ未確立の学生が自己回復へ
—— 大学生の事例

(1) 概要

主訴：不登校（大学）。

被相談者：大学2年生男子（A）。

方法・場所：大学相談室に来室。

期間：2年間、全6回。

相談員の心構え：傾聴し受容することを通して、毎日の生活行動を振り返り、自分の抱えている問題に直面させ、解決の方法を考えることを援助する。

活動構成：

相談員と被相談者が対面で以下について話し合いを行う。

①ここ1週間の日常生活の様子、行動について振り返りを行う。

②毎朝、その日1日の行動をするにあたり、その優先順位をどのように判断したのか話し合う。

③1日の行動を終えて、どのような気分であったか、振り返りを行う。

④相談日ごとに感想を求め、次回の日程を決める。

(2) アセスメント：見立てと方針

体格がよく、表情が明るい青年であり、問題を抱えているとは見えない印象である。自分が抱えている問題に対して、自覚がないようで、Aはまるで他人事のように「相談室で何を話せばいいか理解していない」というのが、最初の発言であった。現実の「不登校」の課題を自分の問題として直面化（confrontation）していないことが推測され、また、自分の思う通りにはなら

なかった結果を他人のせいにすることで、自分自身の問題に対して言い訳をしていることが確認された。

今後の面談方針として、今まで自分が生きてきた経過や、自分の決断、あるいは進路選択をどのようにしてきたかについて振り返り、自分の生き方について直面化をはかっていくこととした。

(3) 臨床活動の経過と内容：特色と効果

1）不登校に至った状況（相談までの経過）

バスケットボールを大学在学中にやることを進路の第一条件として大学を選択、北海道から上京した。バスケットボールもでき、自分の偏差値を考慮し、養護教諭・社会福祉士養成を扱う大学に進学した。国家資格、教員資格をとることが保護者からの要望であったことも大きく影響したという。

養護教諭・社会福祉士養成を目的としている大学のため、女性が多く、男性はクラスで30名中3名であった。1学年のときは広い体育館内で思い切りバスケットを行い、青春を謳歌していたという。部活動を優先していたこともあり、大学教科の出席率は低く、成績も不良でギリギリのところで2学年進級となった。その後、徐々に練習がきつくなり、アキレス腱を痛めたこともあり、部活動を休むことが多くなり、2学年中ごろには、「体調が悪いのに無理やりに練習させられた、先輩が厳しい」ことを理由にして、退部を申し入れた。

大学入学の一番の希望であった部活動ができないことで、大学への興味・関心がなくなり、登校も間遠になってきた。2学年に入り、授業内容も専門の講義が入ってきて、ついていけなくなったことも理由のひとつであった。自分のほかの2名の男性級友が授業内容のノート貸し出しで支援してくれたが、Aは大学近くでコンビニエンスストアでのアルバイトに精を出すことで、自分のもつ問題への直面化を避けていた。その結果、2学年で留年となった。この時点で大学をこのまま続けるか、中退するかについて判断ができず、大学教務から後押しされて、相談室へ来室するに至った。

2）A本人の振り返り

今までの生活の経過概要を話した後、現在、コンビニエンスストアで発注を任されるなど、店長から信頼を得ており、働き甲斐を感じており、学業に支障のない限りアルバイトをしていきたい、今の自分の生活を維持していきたい、と話す。その結果、「不登校」という状態が続くことになるが、どうにか卒業はしたい、という非合理的な自分の希望を述べるにとどまっていた。「すでに学業に支障が出ているのでは」と話すと、専門科目は出席していき、また2学年は留年ということで授業の内容についてもある程度情報があり、部活動がないぶん実行できる、ということだった。

前期では様子をみることとなった。

3）相談員の見立て

自分の関心事がどこにあるのか。瞬間の満足感を得るだけで良しとしてはいないだろうか。中長期的な自分の生き方を見据えているだろうか。これらの課題に対して、Aはまっすぐに向き合うことはなかった。課題が多いはずのAではあるが、彼自身は現在の状況にさほどプレッシャーを感じている様子が見受けられなかった。

決断していくのは自分であり、判断した自分に責任があるという感覚をもつためにはアイデンティティの確立が求められるが、Aの場合、自分で決断したという自覚がなかったと思われる。第1回目の面接後、次回面談までの宿題として、毎日の生活行動とそれを選択した理由について日誌として記録を残すこととした。

4）2回目面接

前期の出席率は60％をかろうじて維持して、試験資格はとれたが、成績がおもわしくなく、5科目が「不可」となった。「後期は全出席する」と宣言し、挽回のチャンスはあると、この期に及んでも危機感は薄いようであった。しかし、自分がなぜ授業への出席よりもアルバイト出勤を選択したかの理由

については、「アルバイトシフトで自分が出勤する必要があり、穴をあけることはできなかった」との記述もあり、社会的な自己責任により授業に出ることよりもアルバイト出勤を選択したことが確認された。授業に出席できない分、ノートを友人より借り出して、問題解決を図ることを試みたとのこと。

しかし、同性の級友だった2人は3学年に進学していることで、疎外感を感じており、今は同性の知り合いがいないから、授業に出て不明なことも質問しづらく、現在の状況は自分では致し方ないことであると嘆いていた。一方、コンビニエンスストアでのアルバイトは自分にとってやり甲斐のあることであり、任されて責任をもって商品発注の手続を自分で行うことも楽しいと言っていた。次回の面接の日時を決めて、終了。

5）3回～4回目面接、それ以降

3回目の面接は、連絡もなく、キャンセル。

4回目面接では、教務担当者が下宿アパートに行き、Aに直接4回目面接の連絡をしたところ、「行く」とのことであったが、連絡もなくキャンセル。

その後の経過では、全く連絡が途切れて、後期終了間近となる。出席日数不足で留年となることが心配された。教務担当者から保護者（北海道在住）に現状を連絡、保護者が上京。保護者、A、教務担当者、カウンセラーの4者面談となった。

保護者はこれまでの経過について「Aの問題」について緊張感をもって受けとめるも、Aは今までとは異なり、保護者の前ではことばを発することなく神妙な様子であった。今後について保護者との話し合いの上、近々決めてくるとのことだった。

保護者との話し合いの結果、Aは在籍学部の授業内容に関心が持てないということで、Aからの希望で転学要請が行われた。しかし、学内で転学するには時期を逸していること、また退学してさらに他大学に入学するにも1年間は必要になることも明らかになった。ここで大きな転機を迎えて初めて、A自身が進路を選択・決断をするに至ったと思われる。

保護者からは「大学卒業」に固執した希望が述べられた。Ａは、コンビニエンスストア等小売り事業所の経営に関心があり、経営学に興味を持っている。また、しばらく自分のアルバイト給与のみで生活していきたい旨、決意のほどを発言し、退学への決意は強いものであることが示された。また、今後の自分の進路についても、自分なりの計画があることを述べていた。ここに至って、「自分で選択すること」を意識することでアイデンティティが確認されたということで、来談を終結とした。

(4) 考察

1) 現代社会状況

　2015年文部科学省の学校基本調査によると、大学・短期大学の進学率（現役）は54.6％であり、高校卒業者の約半数は「学び」の生活環境の中で過ごすことが示されている。発達過程からみると、ひと昔前には「成人」とみなされ、社会人として生きていく上の責任、役割を意識していると考えられてきた。

　しかし、最近は「成人」といえるようになるには10年の遅れがあるといわれている。厚生労働省の人口動態統計月報年計によると、平成23年の男性の平均初婚年齢は、男性30.7歳、女性29.0歳となっており、昭和25年では男性が26歳、女性が23歳であったことからも５～６年遅くなっている。成人になるために時間的猶予が必要となっているという意味で、「モラトリアム人間」が増えてきていることが特徴であると思われる。

2) 青年後期（大学生）人間関係の特色

　日々の糧を得る労働に従事はしていなくとも、アルバイトやボランティア活動を通して社会と接点を持っている時期である。１日の多くの時間を過ごす「生活の場」では、高校・大学といった学びの環境で過ごすほかに、社会との接点から家族・教師とは異なる「おとな」との人間関係が構築されるときでもある。「学びの環境」よりも「アルバイト等での社会環境」において、

自分の判断力が問われる現場に身をおくことで、自分のアイデンティティが確立していく過程となることが想定される。

しかしそう言われても、最近の青年後期の若者をめぐる環境では、「ニート」「引きこもり」「ネット依存」「ワーキングプア」などという語が飛び交い、人間関係の希薄さ、社会規範に対する未熟さなどからみれば、厳しい状況でもあるといえる。今までいわゆる「温室育ち」というぬるま湯の中で生きてきた若者にとっては、厳しい試練も必要ではあるものの、それがあまりに過ぎると、これもまた問題となっているのが現状である。

青年後期の若者が、自分の課題について直面化を避け、課題を焦点化できずにいる期間が延長しているのは、自己判断能力の未熟が起因となっていることが多い。自己選択には自己責任をも伴う経験を蓄積することと、それを振り返り意識させるようなカウンセリング過程が有効であると考えられる。

文献 ─────────────────────
・小此木啓吾『モラトリアム人間の時代』中公文庫、1981.

（松井知子）

第8節　コミュニケーションスキル不足の
　　　　若者の人間関係構築 —— 新入社員の事例

⑴ 概要

主訴：職場不適応。

被相談者：24歳男性（B）と管理職者（Y）。共に開発課勤務。

方法・場所：Bが上司に促されてカウンセリング室に来室。Yは管理職者として状況説明のために来室。

期間：およそ1年間。

相談員の心構え：傾聴し受容することを通して、彼の思いを引き出し、考え
　　方を整理する。またYに対しては、Bの行動や感情等を理解するコンサル
　　テーションを行った。

活動構成：

　　Bの抱えている仕事上の問題について、本人の思いを傾聴する。管理職者
　　（Y）からBの働き方について情報収集を行う。

⑵ アセスメント：見立てと方針

　　職場で起きている問題については精神科領域の用語である「**事例性**」を
「**疾病性**」よりも優先するということがある。すなわち「事例性」とは、遅
刻・欠勤、ミスの多さ、納期が守れない、コミュニケーションがとれない、
相手を怒らせるなど人間関係のトラブルの多さによる仕事の支障、職場への
悪影響などの具体的・客観的事実をいう。疾病性とは、うつ状態による不眠、
集中力やモチベーションの低下、発達障害や性格傾向の偏り、といった症状
や疾病が事例性の背景にある問題をいう。

管理職として、職場において部下にどのような「事例性」の問題があるのかを確認し、その部下の「事例性」の問題がどのような状態になればよいのかを目標として管理職がかかわっていくことが必要になる。管理職に対して行われる相談を通して、管理職が産業保健スタッフ（産業医、産業看護師、保健師、カウンセラー等）と連携、対処の方法を明らかにしていくことで、部下のメンタルヘルス対応につながることになる。

⑶ 臨床活動の経過と内容：特色と効果

1）背景

　Bは大学院卒で、現場に配属されて半年。大学で専門知識や技術はしっかり習得しており、任された仕事はそつなくこなす。コミュニケーションは苦手でほとんど会話がない。他部署へ連絡しなければならない仕事を後回しにしたままやっておらず、社内でのクレームとなった。

　自分を否定されるような場面に弱く、上記の連絡ミスについて注意したところ、ふさぎこんでしまい翌日から休みがちになった。

2）管理職者との面談

　Bの管理職者であるYは、Bの状況説明と、部下との対応で注意すべき点を尋ねに来た。Bは入社時からしっかりした専門知識や技術を持ち合わせていることで高く評価してきた。B本人はそれがまんざらでもないようで、仕事にやり甲斐をもっていたように思われる。しかし、確かに仕事はしっかりしているが、口数が少ないので同僚やグループ、チームの人との連絡が少なく、独り合点で進めてしまうことからトラブルが起こることがあった。それがYの耳にも入ってくることが多くなった。そこで、最低限の「報告」「連絡」「相談」の3つの頭文字「ホウ・レン・ソウ」はすべての職場におけるビジネスの基本であり、職場における仕事は、分業されており、ひとりで仕事を完結させることはできず、周囲とうまく「ホウ・レン・ソウ」ができないと、組織としての仕事は成り立たないと指導した。

この指導については、まず管理職として適切なことであったと、BとYとの間に介入するコンサルテーションを行った。その主な内容は以下の通りである。

　まずYに対しては、管理職として、Bの解決すべき課題を「仕事を進めるにあたって、グループ、チームの人との「ホウ・レン・ソウ」を日々行っていくこととした。

　また、「休みがちになった」については、仕事はチームで動くことが多いので、チームとしては1人分の動きが滞るだけではなく、チーム全体の動きが半減されることもあることから、チーム一丸としての動きに支障がないようにしてほしい、とBを指導することも必要であると助言した。

　Bが教育指導されたことに対して「否定された」と感じてしまうことには、本人自身の人格を否定することではなく、仕事上では営利を追求する以上、仕事に従事している人それぞれの意見に対して柔軟な対応をすることが必要であることを、随時確認していく。

　以上のような管理職としての対応をしていくことで、上司・部下との信頼関係を構築していった。また組織のルールを踏まえて、組織の中の一員として仕事をしていくことをBと共通理解をはかるということを確認していった。もともと口数の少なかったBが仕事上の「ホウ・レン・ソウ」を確実に行うことで、同僚とのコミュケーションも円滑に行われるようになった。

⑷ 考察

　学校現場では現在、**特別支援教育**が制定され、一見、健常者と変わらないが集団の中で「浮いた存在」あるいは「トラブルメーカー」という児童生徒に対して、個別に適切な対応・指導が行われている。しかし、学校現場の課題がそのまま産業現場に持ちこまれ、その対応に人事労務担当者や上司が苦慮している現状がある。厚生労働省は平成17年「発達障害者支援法」を施行し、ホームページ上で図3-8-1のように発達障害について説明している。図は発達障害の特性による分類を示しているが、実際には特性がオーバーラ

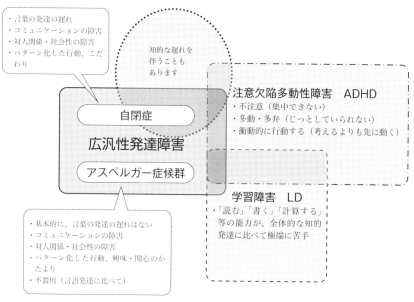

出典：厚生労働省「発達障害の理解のために」（www.mhlw.go.jp/seisaku/dl/17b.pdf）より。
図 3-8-1　発達障害・それぞれの障害の特性

ップしており、厳密に区分することは難しい。

　実際の産業現場においては、発達障害の対応と支援の在り方について、発達障害の理解と連携が進められてきている。しかし、上司から何度も注意され自信を失ったり、ケアレスミスをしないように過剰に頑張り続けることで、二次的にメンタル不調に陥るケースもある。

　職場では、本人はもとより、周りの人にも、いったい何が問題となっているかという共通理解が必要となる。その理解のために、最近は発達障害の特徴や「それに伴う困難と対処法」といったセミナーが行われ、本人が気づくことにより、今まで自身では全く分からなかった社会生活上での困難への対応が可能になってきている。また、**発達障害者支援センター**では、相談・支援を行っており、ケースワーカーや心理判定員、理学療法士などが専門的な助言をしてくれる。その方法は仕事現場における業務の特性、働き方、人間関係などを実際に専門家が観察して、本人にその対応の実践スキルを具体的

に助言するというものである。このような社外資源との連携を加え、人事労務担当者、産業保健スタッフ、上司・同僚の社内連携というような、職場の共通理解がキーになると思われる。

（松井知子）

第9節 わが子とのかかわりに悩み、子育てを通して新たな役割モデルの獲得へ
―― 被虐待体験をもつ母親の事例

(1) 概要

主訴：子どものかんしゃくがひどい。どうやって子育てしていいのか分からない。

被相談者：アキさん（20代半ば女性。男児の母親）。

場所：地域の子育て支援センター。

期間・方法：20XX 年から 5 年。被相談者の状況に応じた面接頻度を設定し、主にカウンセリングによる心理療法を行った。

家族構成：アキさん、夫（20代後半、会社員）、ナツキ（男児：初回心理相談面接時は 1 歳 5 カ月）の 3 人家族（文中の人名はすべて仮名）。

1）家族背景および成育歴（面接過程で明らかになったことも含む）

アキさんは、会社員の父親と元保育士の母親、3 歳下の弟との 4 人家族で育った。母親は幼い頃からアキさんに厳しく、叱られた記憶しかない。母親を喜ばせようと手伝っても「あんたは、よけいなことしかしない」と怒鳴られ、ことあるごとにアキさんに干渉し、アキさんを否定した。一方で、弟のことはとても可愛がり、アキさんと比較し、弟のことばかり周囲に自慢した。父親は穏やかな人であったが、アキさんを母親からかばってはくれなかった。

そのような環境で、アキさんは、母親は自分のことが嫌いなのだと思うようになった。短大卒業後、現在の夫と知り合い、まもなく結婚した。そのとき、自分が母親になったら、わが子に愛情をたくさん注ぎ、きょうだいができても差別はしないと強く思った。結婚生活は幸せで、母親の干渉もそれほ

157

ど気にならなくなった。やがて妊娠し、ナツキを出産した。

　妊娠中も含め、出産に至るまで特に問題はなく、ナツキの発達も順調であった。ただ、音に敏感なところがあり、なかなか寝ついてくれず、乳児期は日中のほとんどを抱っこして過ごすような状況だった。母親はアキさんがナツキを寝かしつけるのに苦労しているのを見ると、「あんたは何をやらせても本当に下手。ナツキが可哀想」と否定した。いつしか、アキさんは「自分は母親失格だ。こんな自分が母親でナツキに申し訳ない」と思うようになった。そして、ナツキの自己主張が活発になってくると、ナツキがかんしゃくを起こして泣くたびに、自分が責められているような気持ちになった。

２）来談までの経緯

　ナツキの６カ月健診時に、思いつめた様子のアキさんを心配した保健師が地域の子育て広場を紹介した。広場でのアキさんは常に周囲に気を配り、他の母親たちの世話をやいた。広場のスタッフは、そんなアキさんを見て精神的に疲れないか心配したが、アキさん自身は「自分が大切にされている」と感じており、友人もでき、広場に通うことを楽しみにしていた。ただ、息子のナツキがとても活発で、他児とトラブルになるたびに、アキさんは相手の親が恐縮するほど謝った。そうしたアキさんの様子を見て心配した広場のスタッフの勧めで、ナツキが１歳５カ月のとき、子育てについて、筆者のもとに心理面接相談に来ることとなった（以下、筆者をＴと略記する）。

(2) アセスメント：見立てと方針

１）初回来談時の様子

　相談室に入るとすぐに、「すみません、すみません。私がうまく子育てできないから」と口早に繰り返す。その後は、自分が母親としてどんなにだめであるかについて話し、うまくいかない場面を例に挙げ、「ナツキが言うことをきかない。自分も腹が立って怒鳴りだすと止まらない。まるで壊れた蛇口のように、怒りの感情が止まらなくなってしまう」「自分の母親はよく怒

鳴る人だったので、自分はそうならないようにと思うのだが、今の自分はまるで母親のようで、嫌でたまらない。こんな自分だからナツキもかんしゃくを起こすのだと思う」と、Ｔの表情を気にしながら自信なさげに早口で話した。呼吸が浅くせわしなく、聞いていて苦しくなるような話し方であった。

２）アセスメントと支援方針

初回来談時のアキさんからは、母親としてひどく自信を失っている様子が伝わってきた。その背景には、アキさん自身の母親の影響が強く感じられ、長年にわたり母親に否定され続けたことによるアキさんの自己肯定感の低さ、自我の弱さを感じた。また、広場のスタッフの話から、ナツキは、アキさんが他の親子の世話を焼くとかんしゃくを起こすことが多く、ナツキのことでアキさんが周囲に謝ると、ナツキが無表情になることなどが分かった。

そこで、アキさんが、母親として自分自身の意思で子育ての方針を決めていくことができるようになること、また「母親として悩む自分」を否定することなく、母親であることに喜びを感じられるようになることを支援の目標とした。

そのために、まずはアキさんがこれまで子育てでナツキにしてきたこと、今できていることを尊重し、アキさん自身の考えや気持ちが大切にされるという経験の積み重ねを通して、アキさんの自己肯定感の回復をはかることとした。また、広場のスタッフと連携をとり、アキさんが子育ての喜びを感じることができるように、子育ての苦労に共感しながらも、スタッフが補助自我としてナツキの思いを伝えることで、親子の間の心の交流がスムースとなるような役割をとってもらうこととした。さらに心理相談では、ナツキの子育て相談と並行し、アキさん自身の母親との関係について、アキさんの気持ちに寄り添いながら、母親への思いや母親との関係を整理していくこととした。

(3) 臨床活動の経過と内容：特色と効果

1）第Ⅰ期（ナツキ1歳5カ月～2歳6カ月）

面接頻度：月に1～2回程度（面接の間、ナツキは広場スタッフと遊びながら待っている）。

第Ⅰ期では、毎回、面接の冒頭で、ナツキの対応にアキさんが困った場面が語られ、その後、母親にアキさんが言われたことを訴えるというのが主な流れであった。Tは、ナツキへの対応について、アキさんのその時々の「困った」という感情に焦点を当て、寄り添い、苦労をねぎらいながら、どうしたらよかったと思うかについて、まずはアキさんに尋ねた。そして、なかなか考えが出てこなければ、一緒にいくつかの選択肢を考え、その中から今後の対応を選んでみるということを積み重ねていった。また、母親に否定され続けるアキさんに対し、アキさんは十分よく頑張っているという肯定的なメッセージを伝え続けた。

あるとき、アキさんから切羽詰まった声でTへ電話があった。「ナツキが言うことをきかなかったので叩いてしまった。今、廊下で大泣きしていて、何だかかわいそうになってしまった。抱きしめてもいいだろうか」というものだった。Tが「抱きしめてあげて」と伝えると、「そんなことをしたら、せっかく叱ったのが無駄になる。悪いことをしたのに慰めたら、悪かったというのが分からなくなる。罰にならない」と電話口で泣きじゃくる。

この出来事の直後の相談時、少し気恥ずかしそうなアキさんが来所した。あの後、ナツキを抱きしめて2人で大泣きしたのだという。

「何だか気持ちが楽になった。抱きしめてよかった」

相談後、帰宅したアキさんから電話があり、自分が母親から虐待を受けていたこと、このままでは先に進めない気がするので、自分が子どもの頃の話を聞いてほしい、という思いが語られた。

2）第Ⅱ期（ナツキ2歳6カ月～3歳）

面接頻度：週に1回。

第Ⅱ期では、主にアキさん自身の生い立ちが語られた。実はアキさんは子どもの頃の記憶がところどころ抜けていた。辛く悲しい記憶を封印することで、無意識に自分の心を守ったのだろうと推察された。しかし、自分の子ども時代を語っていく中で少しずつ記憶がよみがえり、そのたびに感情は大きく揺れ動いた。

そこでTは、子どもの頃のアキさんを「アキちゃん」と名づけ、おとなのアキさんと一緒に「アキちゃん」の悲しみや怒りなどの様々な感情に寄り添った。途中、**フォーカシング**（註）の技法も用いながら、アキさんは心の中で「アキちゃん」を何度も抱きしめた。やがて、母親の当時の精神状態や母親の不器用さに理解を示す言葉がアキさんから聞かれるようになった。

ナツキの子育てについては、以前のように、最初からどうしたらいいかをTに尋ねるのではなく、自分でそのときにとった対応やかかわりをTに説明し「これでよかったですか？」と承認を求めることが少しずつ増えてきた。Tは、アキさんの苦労をねぎらい、アキさんのとった対応を認めた上で、他のかかわり方についても一緒に考えるということを積み重ねていった。

こうしたアキさんの変化を受けて、Tのほうから、ロールプレイ（心理劇）を用いて、子育てで困った場面を具体的に取り上げ、ナツキの役割で追体験し、その後、課題解決の道を探ってみるということを提案したところ、アキさんが興味を示したため、以降、面接の中にロールプレイを組み入れていくことになった。

> 〈註〉フォーカシングとは、まだことばやイメージになっていない、自分の中の漠然としたモヤモヤとした感じや感覚に焦点を当てて注意を向けていくことで、自己の気づきを促していく技法。なかでも「フェルトセンス」と呼ばれる、からだで感じられる「気になる感じ」は大切な感覚である。

3）第Ⅲ期（ナツキ3歳～小学1年生）

面接頻度：4～6週間に1回になった。

第III期では、アキさんは子どもの頃の自分の思いを両親に伝えることができた。母親は何も言わなかったが、父親はアキさんをかばわなかったことを謝ってくれ、アキさんも長年抱え込んでいた思いを伝えられたことで、気持ちに区切りがついた。その後も、母親のことでアキさんの気持ちは揺れ動いたり落ち込んだりすることはあったが、過去（＝「アキちゃん」と母親の親子関係）と現在（＝ナツキとアキさんの親子関係）の時間軸を別のものとして捉えられるようになり、いつまでも負の感情を引きずることがなくなった。ナツキの父親である夫も、アキさんを精神的に支えた。

　幼稚園に入園したナツキはますます活発になり、生き生きと園生活を楽しむ一方で、自己主張はさらに強くなり、他児とぶつかることも増えた。気持ちの切り替えが苦手で、感情のおもむくままにふるまうナツキと、規則正しく効率よい生活を好むアキさんは、毎日のようにぶつかることが増えた。

　そこで、今度はアキさんからの要望で、毎回の相談時にロールプレイでナツキへのかかわり方を探る時間を取り入れることとなった。ロールプレイでは、まずアキさんがナツキの役を取り、ナツキの気持ちを感じながら、その後、アキさんのかかわり方をＴと相談しながら探っていった。

　　〈ロールプレイ（心理劇）の場面例〉
　　　自宅で遊んでいるナツキ（3歳）に、外出するため、おもちゃを片づけるよう、アキさんが声をかける。
　　　ナツキが片づけるのを嫌がったため、外出をとりやめると伝えると、今度はおもちゃを投げつけ、外出したいと泣きわめく。

　やがて、ナツキは小学校に入学した。当初は親子でぶつかることも多かったが、やがて親子それぞれに新しい生活になじんでいった。その後、アキさんはパートに出ることを決め、それを機にアキさんと話し合い、何かあればまたいつでも再開することを約束し、相談を終結した。

⑷ 考察

　本事例は、実母の愛情を実感できないまま成長し母親となったアキさんが、自らの子育てにおいて、わが子と、そして自分自身の幼少期と向き合っていった過程をまとめたものである。

　人が親となり子育てをするということ、すなわち「育てられる者」から「育てる者」への立場の転換は、人生において大きな転換期である。親となった人にとって、自身の親はもっとも身近な役割モデルであり、子育てとは、ある意味、現在と過去の「２つの時間軸を生きる」作業といえるかもしれない。

　相談開始当初のアキさんは、自分の母親のようにはなりたくないと強く思いながらも、ナツキの母親としてどうふるまっていいのか自信が持てずにいた。この時期、アキさんは過去と現在の両方の時間軸において、アキさんを否定する母親のことばに支配されていたといえよう。

　だが、強い意思をもったナツキと向き合う中で、アキさん自身も少しずつ自分の意思で行動できるようになっていった。ナツキの思いを理解しようとする過程で、やがて、複雑に絡み合った過去と現在の時間軸は整理され、アキさんは母親としてナツキと向き合うことができるようになった。

　このナツキの思いを理解する際に効果的な役割を果たしたのが、ロールプレイであった。温かな母親像を心の内に持たないアキさんにとって、カウンセリングと並行しつつ、ロールプレイを通して親子の様々なかかわりを子どもの立場から体験的に見つめる作業は、現実の実母にとらわれない、アキさん自身の母親像を作り上げていく過程でもあった。この内なる母親像を拠りどころに、今、アキさんは「ナツキの母親」として、ナツキやナツキの父と共に、家族の時を重ねている。

文献
・近田輝行『フォーカシングで身につけるカウンセリングの基本──クライエント中心療法を本当に役立てるために』コスモス・ライブラリー、2002.

（柳瀬洋美）

第 4 章

成人発達障害と人間関係形成

第1節　発達障害と医療リワーク（復職支援）

　数年前から成人の発達障害に関する発表や報告が学会などでも急激に増えている。書籍なども多数書かれており、臨床の現場では自らを発達障害なのではないかと不安に思った人々が外来を受診するケースが目立つようになってきた。幼少期から少し変わった子とは気づかれながらも診断や支援を受けてこなかった例や、多少の兆候はあっても児童期は特に困る事態に至らないまま成長し、青年期・成人期になってから、学校や職場で対人関係の問題が起こるようになり、それに伴い抑うつなど様々な症状を呈して精神科を受診する例が増えており（高橋ほか、2015）、成人発達障害者の存在に関心が向けられるようになってきた。

　成人の発達障害で問題となるのは、主に軽症の**自閉スペクトラム症**（Autism Spectrum Disorder　以下、ＡＳＤ）患者で、彼らは症状そのものは軽度なため幼児期や学童時には医療機関等を受診することはなく、高校や大学、なかには大学院などへ進学し優秀な成績で卒業するのだが、社会人になって様々な場面でつまずく。1人でこつこつと勉強し、テストで点数を取ることで認めてもらえた学生時代とは違い、対人交渉や顧客対応、チームでの作業など人とのかかわりそのものが日常業務の中に入ってくると困難を抱え、入社後早期に休職に至る発達障害者が多数存在する。また、入社後、順調に業務をこなしていた場合であっても、昇進や業務内容の変更などによって、対人交渉が増えたり職場内で部下を持ちコーディネート業務を任されたりするような状況になり、ベテランと呼ばれる年代になってからメンタル不調に陥って休職する者も少なくない。彼らの復職を人間関係という視点からサポートすることが精神医学においても喫緊の課題といえる。

(1) 発達障害者への医療リワークでの支援

　厚生労働省は、メンタルヘルス不調により休業した労働者に対する職場復帰を促進するため、各事業所の実態に即した形で、**職場復帰支援プログラム**が組織的かつ計画的に行えるよう、事業所向けマニュアルとして「**心の健康問題により休業した労働者の職場復帰支援の手引き**」を作成している（平成 16年作成、同 21 年改訂）。精神科医療の分野においても、メンタルヘルス不調により休職した労働者に対する職場復帰を支援するための、心理療法とリハビリテーションのプログラムを提供する医療機関が全国に広がっている。医療機関が行う**復職支援プログラム**（以下、医療リワーク）は、スムースな職場復帰を支援するだけではなく、再発予防と、再発にともなう再休職の予防を目的として実施されている（横山、2012）。

　筆者が勤務するさっぽろ駅前クリニック北海道リワークプラザ（以下、当院）において、最近、ＡＳＤを疑われ、あるいは自ら疑って受診する人が増えている。休職した場合には治療が長期化する傾向があり、復職支援においても困難事例化しやすい。また、うつ病を主訴として来院した事例でも、休職しリワークに参加する中で、うつ病が**二次障害**であり、**一次障害**としてＡＳＤを抱えている障害者が少なからずいることが分かってきている（横山、2015）。

　実際、当院リワーク参加者に自閉スペクトラム症のスクリーニング検査である Autism-Spectrum Quotient（AQ）日本語版（AQ-J）を実施した結果、11.3％の参加者がＡＳＤの基準（若林ほか、2004）である 33 点以上を満たし、また Woodbury-Smith ら（Woodbury-Smith et al, 2005）の成人アスペルガー障害に関する試案基準 27 点以上を満たす参加者は、31.7％が該当することが分かった。ＡＱは状態依存性が高いためにうつ状態などが反映され、状態に応じて高値になる傾向が指摘されている（Kurita et al, 2006）が、これを勘案しても上記結果は驚くべき数字であった。

　ＡＳＤの職場復帰に際しては、薬物療法は二次的に生ずる抑うつ感や不安、

また睡眠障害などの改善には有効であるが効果は限定的で、支援としては職場の環境調整がその多くを占めている。しかし、適切な環境調整やかかわり方などの情報が不足し、現実には適切な対処が困難になりやすい。さらに、ＡＳＤの能力の偏在（特性）は、個々人により大きく異なるため、一律の対応は適切ではない。このような状況下においては、職場で環境調整を行う、ＡＳＤの専門家ではない事業場内職員自体が疲弊してしまう可能性がある。

また、ＡＳＤの特徴のひとつであるコミュニケーションの不得手さから、職場において人間関係を悪化させ、このことが要因となり休職に至り、復職しても早期に再休職に至る例もみられる。このような事例では、職場に復帰したとしても〝同じことが繰り返される〞と恐怖を抱き、復職すること自体を諦めてしまうケースもある。

本田は、思春期以降のＡＳＤ者に対する支援の方法として、失敗が起こることも覚悟の上で本人がやろうと思ったことを試行錯誤させることが大切であり、これを「**支援つき試行錯誤**」と呼び、実生活を生きている感覚を得るために必要なことであるが、試行錯誤している本人を支える体制を作ることが重要であると述べている（本田、2015）。

このような視点からも、ＡＳＤの復職支援においては、環境調整のみならず、自らが環境に対して適応できるような考えや行動を練習し獲得していくことができる場が必要であると考えられた。

⑵ 当院での支援

当院では、うつ病、うつ状態から休職に至った患者を対象に復職と再発予防に向けてのデイケアプログラムを平日５日間実施している（事例は第３節を参照）。また、それ以外に、平日の夜間と毎週土曜日にサイコドラマやＳＳＴ、バーバルグループなどのグループワークを実施している。当院を受診する患者では、これから就労を目指す発達障害者と異なり、既に就労経験のある発達障害者が多く、環境や本人の努力により就労を継続できた実績のある者や、発達障害をもちながらも本人の個性や特性として環境に受け入れら

れ、適応しているケースもみられ、発達障害と直ちに診断されることはまれである。

佐々木らは、発達障害の診断を行うためには詳細な発達歴や現症の聴取と同時に行動観察が重要であり、特に、成人例などで過去の情報が不十分な場合には現在の行動観察をより綿密に行う必要があり、心理検査や他者との交流場面（特に休憩時間などの構造化されていない場面）での直接観察場面から得られる情報や間接情報も合わせて検討する必要があり、短時間の構造化された診察室だけの所見で診断したり、心理検査の数値やプロフィールだけで判断したりすることは不適切であると指摘している（佐々木ほか、2015）。

そこで当院では、治療と同時に詳細な情報を得るため、リワークデイケアプログラムに参加してもらうことにより診断を行っている。本プログラム内では、職場で不適応となった行動様式・対人関係のパターン等が現れやすいからである。当院のリワークデイケアプログラムは、職場の就労時間に近い平日5日、8：30 ～ 18：30で行われる。曜日ごとにプログラムが用意され、ＰＣを使いながら情報収集や資料作成を行ったり、参加者同士が意見を出しながら与えられたテーマに沿って課題を行うプログラムが用意されている。また、課長役や係長役、一般職員役に分かれ職場に近い環境を模したプログラムでは、普段の仕事の仕方や、対人関係のとり方が如実に再現される。プログラムには発達障害の方だけでなく、うつ病・うつ状態を中心として、現在休職中、もしくは離職している多様な疾患をもつ患者と共に参加する。

こうしたプログラムに参加しながら、患者が自身の行動様式や対人関係のとり方、考え方、感じ方の傾向に気づくことを目的にしているが、様々な職種や年齢、性別の参加者同士で取り組むことが、互いの傾向などを助言し合う機会となり気づきを促進する。ＡＳＤ者やその周辺群は、モニタリングの障害があるために自身の行動様式や対人関係のパターンに自分で気づくことが不得手な者も多く（米田、2009）、他者からの指摘により自己理解が促進され、職場や家庭での苦労の体験と結びつく。また、これまでの生活歴において、本人の努力の甲斐なく、両親や教師、周囲の者から叱責され続けてきた

ことで、対人関係への恐怖を体験している者も少なくない（清水、2014）。

　このような参加者が各プログラムやグループワークを共に体験するなかで、周囲と協力して作業を行うことや自身の感じた思いを語れる場は、徐々にだが人への基本的信頼感を獲得し、対人関係の改善に大きく寄与すると考えられる。

　当院リワークデイケアの事例を以下に示す。このようなリワークデイケアプログラムや各グループワークでの体験を通じ、職場や家庭で苦労していた自身の行動様式に気づき、それを修正しながら自己理解、他者理解を深める取り組みを行っている。

〈事例〉A氏（40代、男性）

主訴：判断力、集中力の低下、倦怠感など。

背景：家族歴、生育歴に特記事項なし。高校卒業後、地方公務員となる。順調に勤めていたが、市町村合併による大幅な人事異動があり、A氏は勤務先の変更はなかったものの、業務内容は大きく変化した。X－4年にメンタル不調で某病院を初めて受診。その後、職場より病状悪化を指摘され、専門治療を受けるよう指示があり、X年に当院を受診。

経過：X＋1年9月よりリワークデイケアに参加。A氏は休職要因を威圧的な上司との関係であると語っていたが、職場の上司は休職要因を「幼少時のいじめではないかと思う」と話される。そして、業務上のトラブルや対人関係での問題についてエピソードを挙げ、職場内で不適応を起こしていたことを話す。リワークデイケアに参加中にも同様のトラブルを他参加者との間で繰り返し、そのたびに医療機関の対応を非難し、職場で周囲に否定的な影響を与えていたと思われる行動パターンが再現された。医療側が時期尚早と伝えるも、約3カ月のリワークデイケア参加後に独自判断で復職。当院より職場に連絡して、現時点での復職の危険性を伝えるも、職場は復職手続きの理解が不十分であったため、本人の希望のみで復職を許可。しかし復職後2週間ほどで再度体調を崩して、再休職となり、翌年3月に当院リワークプログ

ラムを再度開始。その後、約１年を費やしたが、自身の発達特性を理解し、コミュニケーションの練習などを重ねて無事復職。現在も定期的にグループ治療などに参加しながら勤務を続けている。

　業務上のストレスが加わるまでは発達上の問題が顕在化しなかった事例である。ある意味、成人発達障害者の典型例ともいえる。横山らは、うつ病者をリワークデイケアで治療するメリットとして、①通える場所があること、②仲間に出会えること、③対人関係のパターンの修正が可能であること、④再発／再休職を予防するための客観的情報の収集など診断精度の向上、などを挙げているが（横山ほか、2010）、いずれもＡＳＤ者にとって当てはまるものばかりである。

　特に、人間関係の問題などは、デイケアという集団の中に見事に再現され、見出されたそれらの行動の特性は、体調を崩すきっかけとなっていることも多く、デイケアの中で繰り返しメンバーやスタッフから与えられるフィードバックによって修正される。

文献

・本田秀夫「自閉スペクトラム症──早期療育・継続支援から見えてきたこと」、『臨床精神医学』44、19-24、2015.
・Kurita, H. & Koyama, T. Autism-Spectrum Quotient Japanese version measures mental health problems other than autistic traits. *Psychiatry Clin Neurosci, 60*, 373-378, 2006.
・佐々木康栄・宇野洋太・内山登紀夫「自閉スペクトラム症の診断とよくある誤診」、『臨床精神医学』44、11-17、2015.
・清水光恵「トラウマから見た大人の発達障害──その理解と治療」、『精神科治療学』29、609-614、2014.
・高橋優・原正吾・和迩健太「今日の自閉スペクトラム症──子どもから中高年世代まで」、『臨床精神医学』44、5-9、2015.
・若林明雄・東條吉邦・Simon・Baron-Cohen「自閉症スペクトラム指数（AQ）日本語版の標準化──高機能臨床群と健常成人による検討」、『心理学研究』75、78-84、2004.
・Woodbury-Smith, M.R., Robinson, J. & Wheelwright, S. Screening adults for Asperger Syndrome using the AQ: a preliminary study of its diagnostic validity in clinical practice. *J Autism Dev Disord, 35*, 331-335, 2005.
・横山太範・横山亜由美・橋本恵理「うつ病者の職場復帰」、『精神科』15、364-369、

2010.
・横山太範「就労支援との違いからみたリワークプログラム」、『臨床精神医学』41、1521-1526、2012.
・横山太範「医療リワークプログラム内で行う成人発達障害者支援――Mutual Communication Program とサイコドラマ」、『精神神経学雑誌』117、212-220、2015.
・米田衆介「自閉症スペクトラム障害の人々の就労に向けたＳＳＴ」、『精神療法』35、34-40、2009.

（横山太範）

第2節　ＡＳＤ者への医療リワークプログラム：ＭＣＰ

(1) **Mutual Communication Program**（ＭＣＰ）について

　筆者の勤務するさっぽろ駅前クリニック北海道リワークプラザ（以下、当院）では、2006年1月より医療リワークプログラムを行ってきた。その中には、**自閉スペクトラム症**（Autism Spectrum Disorder、以下ＡＳＤ）をベースにもち、職場への不適応から抑うつ状態を呈するに至った患者も多く、彼らに接するなかでＡＳＤに特化した治療プログラムの必要性を感じ10名前後で行う治療グループを立ち上げ、Mutual Communication Program（以下、ＭＣＰ）と名づけた。

　リワークデイケア参加者の中で〝対人コミュニケーションの問題〟〝実行能力の偏り〟〝問題解決様式の偏り〟など、ＡＳＤ傾向を思わせる適応上の諸問題が再現される場面が散見される。前節の事例のような安易な復職による症状の悪化や再発を防ぎ、患者の社会適応能力を高めていくためにも、ＡＳＤ傾向をより具体的に捉え社会適応能力向上を支援することを目的としたより効果的なプログラムが求められ、当院ではＭＣＰを実施している。

　参加している患者の中心はＡＳＤと診断がついている患者またはその傾向がみられた者で、他の当院リワークデイケアプログラムと異なり10人前後の少人数のクローズドグループとして実施されるサイコドラマやＳＳＴを用い、参加者が自分のテーマや課題を出し、参加者同士が協力的に役割を演じていく。他者の気持ちを想像することが苦手なＡＳＤ者にとって、目に見える形で他者の体験が示され、過去の困苦を共有できることは、ＡＳＤ者の孤立感を和らげ情緒的安心をもたらし、また他者との相互協働関係の中で、他者への信頼感、他者のために役に立てたという愛他的行動による自己肯定感

の高まりを体験する。

1）MCPの概要

① 対象者

医療リワークに参加中の方で、ASD傾向があり、特に対人関係に問題や苦手さを抱え集中的な治療が必要と思われる方。

② 選定方法

本人の希望、医師・スタッフの観察情報をもとに抽出し、本人の同意をもって導入。ASDの診断に関しては、AQ（Autism-Spectrum Quotient）や各種心理検査、養育者への聴取（PARS）などを実施し、集団内行動などの情報を加味して、精神科専門医が行う。

③ 構造

1クールは1週間、クローズドグループで、SST（全11回、毎週水曜日、120分）とサイコドラマ（全5回、隔週火曜日、90分）の2つのプログラムから構成されている。SSTはリーダー（PSW）、コリーダー（臨床心理士1名、看護師1名）が担当し、サイコドラマはディレクター（医師）、スタッフ（臨床心理士2名、PSW1名）が担当している。MCPの中核をなすSSTとサイコドラマについて説明する。

2）SSTとは

SSTとはSocial Skills Trainingの略で、日本語では「社会生活技能訓練」と標記される。精神科リハビリテーション領域では1988年にわが国に導入され、1994年には入院生活技能訓練療法として診療報酬化されたことをきっかけに広く普及し、現在は入院のみならず精神科デイケア、地域生活支援センターのほか家族支援やピアサポート、学校教育などの現場でも用いられている。

ソーシャルスキルは一般的に「道具的スキル」と「親和的スキル」に分類される。道具的スキルとは、毎日の生活の中で自分を保つために必要な品物

を手に入れたり、具体的な必要を満たしたりするスキルを指し、職場では「頼む」「断る」等のスキルがそれに該当する。一方、親和的スキルとは仲間や家族や同僚との間に関係をつくり維持していくことのできるスキルを指し「食事を楽しむ」「悩みを相談する」などがそれに該当する。

　対人関係を築いていく上でこの２つのスキルのバランスが重要であり、職場においてメンタルに不調をきたす者はこの２つのスキルのバランスが崩れた者が多い。例えばうつ病者の場合、他者との関係を壊すことを過度に恐れるがために適切な主張ができずに仕事を抱え込んだりした結果、不眠等の身体症状や抑うつ感などの精神症状が出現していると思われる事例が多い。しかしＡＳＤ者の場合、同僚との良好な関係を築くことに苦労し孤立を招くうえ、対人関係の土台が安定していない関係の中で自らの主張のみを繰り返すなどの行動によって孤立に拍車をかけてしまい、結果的にメンタル不調に陥ることが多い。同じ休職者でもうつ病者とＡＳＤ者ではメンタル不調に陥るプロセス、治療目標が違ってくる。一般的にうつ病は「頼めない、断れない人がなる」傾向がみられ、**アサーション・トレーニング**等を用いた主張訓練が有効とされているが、ＡＳＤ者が親和的なスキル、つまり他者との対人関係作りが不十分なまま主張性のみを増してしまうことは逆に孤立を増す要因となり得る。そのためＳＳＴを用いる際は、自身がメンタル不調に陥るに至る背景を振り返るのも大切な作業となる。

　以上を踏まえ、当院ではＳＳＴを単独で実施するのではなく、担当者による面談での課題の整理、対人交流の多い職場再現プログラムを用いた般化、および職場との情報交換等を合わせた支援を行っている。

3）サイコドラマとは

サイコドラマは、モレノ（Moreno, J. L.）によって開発された、**行為法**（action methods）による集団精神療法の一技法である。わが国には1951年に外林大作により「心理劇」として紹介され、1956年には外林大作、松村康平、石井哲夫らによって心理劇研究会が発足した（土屋、2011）。主に医療や教育

などの分野で広がりを見せてきたが、磯田がモレノに淵源をもつサイコドラマを、わが国で行われてきた「心理劇」と明確に区別する目的で、「**古典的サイコドラマ**」あるいは単に「サイコドラマ」という用語を用いるようになり（磯田、1994）、筆者が当院で実施している方法は、この「サイコドラマ」である。

以下、磯田や高良より引用する（磯田、2013。高良、2013）。

① サイコドラマの基本要素

サイコドラマを進める上では、5つの要素が必要不可欠と考えられている。

1　監督（Director）

サイコドラマの主治療者であり、監督あるいはディレクター（Director）と呼ばれる。監督には、様々な役割があるが、主として以下の4つが挙げられる（高良、2013）。

・分析家

参加者の行動、態度、思考、感情について、精神力動的観点や心理社会学的観点から解釈をしていく。精神分析理論や役割理論を背景にして、行動の過程を分析する能力が必要。また、参加者の行動を共感的に理解し、その行動の意識、無意識を含めた心理学的意味を理解するための知識が必要とされる。

・プロデューサー

セッションをドラマ的に魅力あるものに仕上げ、観客の関心を引きつけ、巻き込むための劇場監督して演出を施す。しばしば遊び的要素を取り入れ、参加者が自由かつ想像・創造的な行動をとりやすくするために適切な介入をしていくことが重要である。

・治療者

支持的かつ中立的な態度をもって関与し、主役との信頼関係構築に努め、変化への仲介の機能を担う。

・グループリーダー

参加者の安全を守るためにグループの構造を管理（マネジメント）し、

バウンダリー（境界的枠組み）を設定する。

2　観客（Audience）

　周囲で主役のドラマを見る参加者を指すが、ただ舞台上の演技を見ているだけの傍観者とは異なり、主役を援助する補助自我の役割を期待される。

3　主役（Protagonist）

　個人の主題を集団に提示し、実際に監督やスタッフそして参加者と共に場を進行させる主演者。

4　補助自我（Auxiliary Ego）

　ドラマの場面構成と展開に主役の必要とする役を引き受け、主役と共に舞台で演じる参加者のこと。主役の洞察に向けて援助し、時には、主役の気づいていない感情にまでふれながら、主役の自己表出を助ける。

5　舞台（Stage）

　精神療法における構造としての外的機能。通常の社会ではおよそ不可能な役割や状況であっても、舞台という安全な枠のもとで実現を可能にし、非現実を現実に表出できる。

② サイコドラマの展開

　サイコドラマを展開していく上で、主に3つの段階が考えられている。

1　ウォーミングアップ（Warming Up）

　参加者がリラックスし、自由に自己表現ができるようにするための準備段階のこと。近況や今の気分・体調などを報告する言語的なものから、ストレッチや簡単なゲームなど、非言語的なものもある。

2　劇化（Enactment）

　参加者の中から主役が選ばれ、劇が始められる段階。通常、危機状況の作成と自発性の発揮、カタルシス、ニューロール（これまで見られなかった［使われなかった］新たな役割やふるまい方のこと）の発見という段階を踏んでいく。

3　シェアリング（Sharing）

　主役が演じた内容に共感したことや、それに関連して自分の中に生じた気持ちを表現する時間。主役の気持ちを分かち合うことで、それによって主役

個人のドラマがグループ全体のものになっていく。

③ サイコドラマの基本用語（磯田、2003）

場面設定

　主役が舞台という空間に、自分のテーマとしたいことを作っていく。いつ、どの場所で起こったのかを、主役は椅子や用意された小物を使い舞台の中に配置していく。参加者が補助自我となり、場面設定をサポートしていく。

ロール（role）

　日本語に訳すと「役割」のことだが、モレノ（Moreno, 1964）はロールについて「特定の状況、場所、時間において、他の人やものに応じて表現されてくる行動様式のことであり、その意味で、ロールとはある個人の静的な特徴を表すのではなく他者との関係の中で表現されるもの」と定義しており、思考や感情を含めた表現一般を指し、実際のサイコドラマの中では怒りや喜びなどの気持ちもロールとして取り扱う。様々なロールは同時に一人の個人の中に存在し、それらは内的には密接に相互に重なり合い影響を及ぼし合っている。

　また、人間という存在の下位システムとしてロールがあり、逆に様々なロールを統合した上位システムとして人間が存在しているといえる。個人の成長・発展の過程も過剰に発達したロールや適応的なロールといった下位システム間の相互作用の結果とも考えられるし、また個人を取り巻くより上位のシステム、つまり会社や学校、家庭等からの影響によるとも考えられる。

　さらに対人関係についていえば、それは個人対個人というレベルで考えるのではなく、個人の下位システムとしてのロールとロールの間に関係が成立しているとみなす（Clayton, 1982）。サイコドラマの中で過去の場面を再現し、現実に存在する他者ではない、ドラマの中の登場人物である他者、即ち内在化された他者との関係性を変化させることによって治療的な効果が得られる根拠はここにあり、ドラマの中で示された自己のロールの自発的な変化によって、内在化された他者のロールも変化し、その結果としてより創造的な関係が生じる（横山ほか、1999）。

役割交換（Role Reverse）

　一般的な共感とは異なり、相手の気持ちを理解し、実際に相手の身になってふるまうことのできる技法。モレノは、この技法について「相手の目を取って自分の目にし、自分の目に相手の目を入れること」と説明している。

ロールクラスター技法（role cluster technique）

　ドラマの中で具体的状況を再現したときに、主役の感じている複数の気持ち（＝ロール）を主役の後ろなどに付けて、その状況での複雑な心の動きを表現する技法のこと。ロールがいくつも集まっている様子がブドウの房（cluster）のようにイメージされることから、こう呼ぶ。それらの分析は葛藤や抑圧された記憶等の明確化に役立つ。

ミラー技法（mirror technique）

　ミラーは、他人に自分役をふるまってもらい、自分はそれを遠くから見るという形をとる。ミラーは、自己を客観視するために重要な技法である。ミラーによって、主役は自己の隠された欲望を意識し、自己の姿を見ることになる。

ダブル（Double）

　もう一人の主役を舞台に登らせる方法。主役の孤立感を癒し、主役を助け、主役の自己理解を促進することができる。

④ ＭＣＰサイコドラマの展開方法

ウォーミングアップ（10 〜 20分程度）

　各クールの初回はＭＣＰの目的を説明し、参加者にＭＣＰに期待することなどを確認。2回目以降は、近況報告や互いへの質問、前回で主役を行った参加者の感想などを聞いている。

劇化（60分程度）

　参加者にテーマを尋ね、主役募集を行う。複数の主役希望者がいる場合には、主役の準備度合いや緊急性を考慮し、主役を決める。主役が決まった後は、上記に記載したサイコドラマの基本技法を元に展開し、主役の問題解決や自己理解の促進を目指していく。

シェアリング（10分程度）

　批判やアドバイス、評価ではなく、主役のドラマを見ていて、感じたこと、思ったこと、思い出したことなどを、語り合う時間をとっている。

⑵ MCPの事例

　MCPの特徴のひとつは、ASDおよびその周辺群にサイコドラマを適用した点にある。従来、発達障害者の支援は練習、訓練が強調されており、SSTが頻繁に使われていた。しかし、MCPではそれに加え、従来難しいと感じられてきた発達障害者の精神力動的側面の理解も重要であると考え、サイコドラマを導入した。ここで、上記構造にてこれまでに実施してきた2つのサイコドラマ事例を記述する。なお、事例の情報は一部を変更している。

〈事例〉B氏（20代、女性）

経過：大卒後IT系技術職に就くが、業績振るわず、孤立もあり、上司の前で頭を壁に打ちつける自傷行為あり。その後関連会社に出向するが、不眠、頭痛、焦り、落ち込みが生じ、出向後8カ月で上司の勧めにより休職し、1カ月後に当院リワークに参加開始。リワークでは、情報通信機器への限局された興味関心や、突発的で統制不良の怒りの表出がみられた。下記サイコドラマはリワーク参加開始から約3カ月後に実施された。

ドラマ概要：主役が自分でエゴグラムを勉強するなかで、「自分は父性（＝Critical Parent）が強すぎることが分かった」と発言。主役のエゴグラムを通じての自己理解を元にサイコドラマを展開。インタビューでは「自分は何にもできないんだから、もっとやらないとダメだと思い始め、父性が強くなった。子どもの部分もあって、もっと遊びたい、好きなことしたいというのもあるが、それを父性の部分が抑え込むことがある」と話され、ドラマを開始する。

　ドラマの中では、本人のエゴグラムによって示された5つの自我をロールクラスターとして舞台に上げ、父性役は常に「お前は人の2倍やらないとダ

メなんだ！」と一貫して命令的にかかわり、主役も「父性がないとダメになっちゃう」と、父性に対する過剰な従順さを見せる。しかし、最後には他の役割の加勢を受け、主役は父性に「もう少し責めないでほしい」と伝えて、ドラマを終える。

　以後、他者との関係も柔軟になり、4カ月後に復職し、現在は発達障害の自助グループなどでもリーダー的な存在となっている。

〈事例〉C氏（20代、男性）
経過：4年制大学卒業後、一般企業に入社するが、接客に恐怖を覚え、同僚とも不仲となる。入社4カ月後に当院を受診し、初診から1カ月後にリワークに参加したが、直後に、職場との話し合いで退職となっている。

　Cは、以前よりビジュアル系ロックバンドに強い関心をもち、それを真似た服装でリワークに参加していたが、服装指導を行うと強烈な抵抗を見せ、声を荒らげることも頻繁であった。下記サイコドラマはリワーク参加開始から約3カ月後に実施。

ドラマ概要：自営業の父親から、服装が不適切で顧客の目につくため、「お金出すから服を買いに行こう」と服装を変えるよう要求されるが、主役は服装を変えられることが嫌で親と言い合いをした場面をドラマで再現することとなる。

　ドラマでは、父親から「客から見られるからライブに行くような格好で出られると、陰口叩かれてお父さんも困るんだよ」、母親からは「TPOをわきまえた格好をしなさい」と、両親共に要求を指示的に伝えてくる。

　主役はこの場面で4つのロールでクラスターを構成した。

　気持ち①「分かってるよ。父さんの言っていることは分かるよ」

　気持ち②「聞きたくない！　嫌だ！　私の思いのほうが大事！」

　気持ち③「もう、しつこいよ！　しつこい！　何度も言わないで！」

　気持ち④「分かってよ！　分かってよ！」

　一番強い気持ちを尋ねると、主役は気持ち②を選択。ディレクターはミラ

一技法を用いて、客観的に状況を見つめるよう主役に促したところ、「気持ち②ばかり強すぎて、前に出すぎているから伝わらないんだ」という気づきを得る。主役は得られた気づきに非常に納得し、父親に近づいて、「父さんの気持ちは分かるんだけど、私の気持ちもあって、そこは変えたくない」と正直に伝える。さらに、残りのロールの力も借りて、「気持ちは分かるけど、自分の気持ちも大事にしたい」と力強く、そして「再就職してほかに楽しみが見つかれば、変わっていくと思う」と高らかに父親に伝えてドラマは終了。

　以後、他者への攻撃性は弱まり、知人の紹介で就職。間もなく外来通院も終了となっている。

２つの事例の解説

　Ｂは父性に屈服し、基本的行動原理に強い影響が及び、結果として行動の自由さが失われるという問題が生起していたと考えられた。一方Ｃは、父性に対する徹底的反抗が行動調整を困難にしていたと考えられた。２つの事例は父性に対して極端に異なる反応を示しているが、結果的に行動や態度の取捨選択や行動調整の困難さが適応を困難にし、情緒的不安定さも伴っていたと推測される。ディレクターはどちらも**ロールクラスター技法**を用いて主役の内的な世界を表現し、配置したロールクラスターを**ミラー技法**で確認させることによって自発性を最大限に引き出している。最後に主役は自らの判断と行動により、父性ロール以外のロールを味方に付けて、状況を創造的に変化させている。

　ＡＳＤ者は父性の統制不全がしばしばみられるが（詳細は次の本章第３節を参照）、サイコドラマをもちいて父性を象徴するロールの強度を推しはかり、時には他のロールの力を借りて父性の強さを調整する場面を設定することが、主役の自己理解や現実適応を促進する可能性を有していると考えられる。

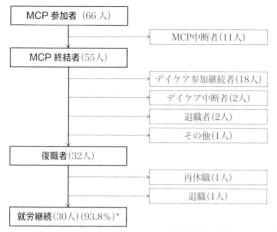

＊：MCP終結後、復職した者の中で、調査時点で就労を継続していた者の割合。

図4-2-1　MCP参加者の経過
（2011年8月開始から2014年5月20日調査時点まで）

(3) MCPの効果と考察

1) MCPの効果について

2011年8月のMCP開始時から2014年5月20日の調査時点までのMCP参加者の転帰は図4-2-1のとおりである。複数のクールに参加したメンバーもいるが、初参加のクールで行った各種心理検査の結果は表4-2-1のとおりである。

図4-2-1からはリワークデイケアで重要視される復職後の再休職予防効果において良好な結果が得られており、表4-2-1からは11週間の介入で抑うつ症状や社会適応感などに有意な改善が認められていると判断している。

調査時点で、復職後1年以上経過した16名中、15名が就労を継続しており（1年後の再休職率6.3％）、薬物療法と休養が中心の通常の外来治療を受けた患者は2カ月で35％（中尾ら、2010）、半年で55.9％（中村、2010）が再休職するというデータと比較しても、効果は明らかといえる。

表 4-2-1　MCP 終結者のプログラム参加前後の検査結果

終結者 55 名に対して Paired t-test を用いた。

尺度	人数	開始時	終了時	差の平均値	t 値	確率	有意差
AQ-J	51	26.8	23.7	-3.06	-4.08	0.00	p<.01
SASS	51	30.2	33.0	2.75	3.03	0.00	p<.01
SDS	51	45.0	41.1	-3.86	-3.32	0.00	p<.01
KISS（自己評価）	51	47.9	56.2	8.27	6.79	0.00	p<.01
KISS（担当評価）	40	43.7	50.7	7.00	5.85	0.00	p<.01
SS 尺度（自己評価）	30	79.4	88.8	9.43	4.21	0.00	p<.01
SS 尺度（担当評価）	28	75.4	82.6	7.18	3.63	0.00	p<.01

AQ-J: Autism-Spectrum Quotient Japanese version
SASS: Social Adaptation Self-evaluation Scale
SDS: Self-rating Depression Scale
KISS: KISS-18, Kikuchi's Social Skill Scale
SS 尺度：成人用ソーシャルスキル自己評定尺度

2）ＡＳＤに伴う気分障害の治療について

ＡＳＤ者の中には、二次障害として、抑うつ症状や不安症状を呈することの多さが指摘されており（本田、2015）、ＭＣＰ参加者の中には、当院初診時に抑うつ症状を主訴とする者が多くみられている。

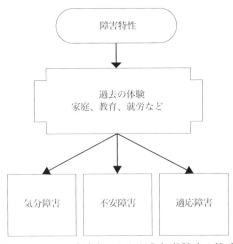

図 4-2-2　発達障害にともなう気分障害の治療

図4-2-2は、牛島・宇佐美・齊藤（牛島ほか、2009）を参考に作成した、発達障害をともなう**気分障害の治療**の要点をまとめたものである。

発達障害を伴う気分障害の治療においては、まずどのような障害特性を持っているのか、次にその障害特性と環境要因との関係、さらに障害特性と環境との関連が、症状としてどのように現れているのかを整理していくことが重要になると考えられる。

大賀・丹（大賀ほか、2007）も、ＡＳＤ特有のこだわりやコミュニケーションの不得手さが職場不適応の要因となり、気分障害を発症する可能性を指摘しており、障害特性と環境要因との関連を考えることはＡＳＤ者の復職支援を行ううえで重要な視点となる。

具体的に、本人が困った・苦労した場面を再現し、自身の特性や環境との関連を客観的な視座で把握が可能であるサイコドラマと、ＡＳＤ者の苦労を把握しながら具体的なソーシャルスキルを身につけることができるＳＳＴとを組み合わせたＭＣＰは、ＡＳＤ者の支援において非常に有用な取り組みであると考えられる。

3）ＭＣＰにおけるＳＳＴの役割

本プログラムがＡＳＤ者の再発・再休職予防に効果を発揮している要因としては、ＳＳＴにおける般化への取り組みが挙げられる。ＳＳＴを通して練習した課題は、医療リワークの職場再現プログラムにてすぐに実践を試み、うまくできた際はスタッフより即時強化を促す。満足のいく結果が得られなかった場合は、翌週のＳＳＴですぐに検証を行う。また、参加メンバーが互いに課題を共有し合うことでリワークデイケアの日常の中にも助け合いの意識が生まれ、ＡＳＤ者が苦手としている親和性スキルも徐々に芽生え、職場では感じられなかった他者とのつながりを実感することができる。

結果的に復職した多くの者が、フォローアップのグループワークへの継続参加を希望し、安心できるコミュニティの確保とともに、再発予防への意識の高さも保つことができている。

⑷ 今後の課題

1）ＳＳＴの課題

　平成21年度政策調査「中小規模事業所におけるメンタルヘルス対策に関する実態調査」（東京都産業労働局）によると、職場におけるメンタルヘルス不調の原因として考えられる問題として「人間関係の問題」が46.2％と第1位であり、職場における多くの上司の悩みが「部下とのコミュニケーション」だといわれている。インターネット上では「コミュ障」（コミュニケーション障害の略）という言葉が生まれるなど、コミュニケーションは現代社会全体の関心事となっており、コミュニケーションが不得手であるＡＳＤ者にとっては特に生きづらさが強調される社会構造になっている。

　当院にも「コミュニケーション障害だ」「発達障害では」と上司に言われ、コミュニケーションの改善を求め来院してくる患者も少なくない。もちろん、本人にとってもコミュニケーション能力の改善が有益であることは間違いないが、近年ではＡＳＤ者には「コミュニケーション能力が改善されれば良し」という風潮もみられ、本人のこれまでの努力や希望を度外視した一方的なマナー訓練が医療や福祉の現場で行われているという事例を見聞きする機会もある。コミュニケーションは本来双方向性であるということを考えると、ＡＳＤ者のみがトレーニングをするというのではなく、職場の上司や同僚にもかかわり方を学んでいただく等の働きかけをすることは、職場への支援にもつながる有効な方法であろう。

2）サイコドラマの課題

① 効果測定の問題

　上述の通りＭＣＰ実施によりソーシャルスキルや抑うつ症状が有意に変化していることは測定されているが、サイコドラマの有効性に関しては、参加者のアンケート、医療リワーク内での行動観察、事例の検証のみとなっている。

今後、**自己理解の促進**を測定できるような質問紙の作成と標準化を通じた量的研究あるいは質的研究など、サイコドラマの有用性を客観的に示せるような効果測定が必要だと考えられる。

② 監督（ディレクター）の養成

サイコドラマの監督（ディレクター）を行えるようになるには、精神分析理論、役割理論など基盤となる理論の十分な理解と、実際の場面での援用や介入技術の練習の積み重ねなど、数年の研修が必要となるため、臨床現場でサイコドラマを実施できる人材はわが国には少ないといわざるを得ない。さらに、成人のＡＳＤ者を対象にサイコドラマを実践している機関は極めて少なく、今後の大きな課題のひとつである。監督（ディレクター）の養成とともに、多くの臨床現場で実践可能な方法を開発していくことも重要であると考えられる。

③ 技法の工夫と修正

ＡＳＤ者の自己理解促進に対し、役割交換（Role Reverse）などの技法が有効であることは先に述べたが、サイコドラマを実践する中で、ＡＳＤの特徴のひとつである**想像性の障害**に由来する、相手の立場に立つことが困難な事例がいくつかみられている。このようなＡＳＤ者の特性に合わせた技法の修正が必要であり、今後も実践・検証が望まれる。

＊

従来、ＡＳＤ者の治療においては、練習・訓練による社会的スキルの習得が強調されてきたきらいがある。一方で、ＡＳＤ者の理解において、精神力動的理解は通用しないとの見解もあった。しかし、当院におけるＭＣＰという実践によりサイコドラマが有効であったことは、ＡＳＤ者の精神力動的理解が可能であり、かつ介入技法としての有効性が認められた。

近年の精神医学が生物学的基盤にシフトしてきている現状において、旧来からの精神力動的理解と関与が可能であることを示したＭＣＰの意義は大きいと思われる。

文献 ─────────────────────────────

・Clayton, L. The Use of Cultural Atom to record Personality Change in Individual Psychotherapy. J. Group Psychotherapy, *Psychodrama and Sociometry, 35*, 111-117, 1982.

・本田秀夫「自閉スペクトラム症――早期療育・継続支援から見えてきたこと」、『臨床精神医学』44、19-24、2015.

・磯田雄二郎「What is 心理劇？――概念の再検討」、『臨床心理劇協会年報』17 号、6-9、1994.

・磯田雄二郎（編著）「第 2 章　サイコドラマ」、日本集団精神療法学会（監修）『集団精神療法の基礎用語』金剛出版、2003.

・磯田雄二郎『サイコドラマの理論と実践――教育と訓練のために』誠信書房、2013.

・Moreno, J. L. *Psychodrama vol.1.* Beacon House; New York, 1964.

・中尾睦宏・竹内武昭・天野雄一・伊藤克人「抗うつ薬ミルナシプランによるうつ病治療と職場復帰――再休職になった者とそうでない者との比較」、『日本心療内科学会誌』14、129-135、2010.

・中村純「通常のうつ病治療を受けた群の復職成功割合とその後の経過」、『厚生労働省化学研究費補助金（障害者対策総合研究事業 [精神障害分野]）分担研究報告書』、2010.

・大賀健太郎・丹玉絵「広汎性発達障害、注意欠陥／多動性障害などの仕事・職場への影響とその対応」、『精神科治療学』22、179-185、2007.

・高良聖『サイコドラマの技法――基礎・理論・実践』岩崎学術出版社、2013.

・土屋明美「心理劇と関係学――共に育つ」、日本関係学会（編）『関係〈臨床・教育〉――気づく・学ぶ・活かす』不昧堂出版、82-103、2011.

・牛島洋景・宇佐美政英・齊藤万比古「発達障害のうつ病」、神庭重信・黒木俊秀（編）『現代うつ病の臨床――その多様な病態と自在な対処法』創元社、229-244、2009.

・横山太範・磯田由美子・磯田雄二郎「精神分裂病患者に見られた『自己愛ロール』」、『集団精神療法』15、159-165、1999.

（横山太範）

第3節　サイコドラマを用いたＡＳＤ者の治療

　筆者の勤務するさっぽろ駅前クリニック北海道リワークプラザ（以下、当院）では、2006年1月より医療リワーク（復職支援）を行ってきた。ＡＳＤに特化した治療プログラム「ＭＣＰ」は、その一部である。以下は、ＭＣＰのリワークデイケア参加メンバーの事例である。なお、個人が特定されないよう、一部改変している。

(1) 概要

1) 主訴

　メンタル不調で休職・復職を繰り返していて、復職の期限が約1年後に迫っており、リワークデイケアでの治療を受けたい。

2) 生活歴・現病歴

　A氏（30代男性）は、B県の有名大学大学院修士課程を修了、IT関連企業に開発職として就職し、勤務を継続してきた中堅社員である。

　Aの母親や本人によると、生育歴は次のとおりである。

　言葉の遅れはなかったものの、独歩開始後は一人でどこに行ってしまうか分からず、外出時に連れて歩くことが困難で、そのため3歳児健診も本人を連れずに母親だけで行っている。やりたいことを制止されると激しいかんしゃくを起こし、幼稚園入園後は友達や集団行動に関心がなく、一度泣き出すと止まらず、指示されても気分が乗らないと従わない子どもであった。小学校入学後も友達はあまりできず、激しいいじめに遭った。親がいわゆる転勤族で、低学年で転校したがそこでもいじめが激しかった。高学年で郡部の小規模校に転校し、担任の理解もあり落ち着いて過ごした。いつも百科事典や

国語辞典を眺めていて、歴史や天文学などの知識が豊富で学業には優れていたが、友達を自分から作ろうとはしなかった。中学校の途中で都市部に転居し、再びいじめに遭った。市内の進学校に進学し、以降はいじめに遭うことはなくなった。成績は優秀で文化系部活動に入り友達もできた。某有名大学情報学科に入学、大学院修士課程まで修了し、現在の会社に就職。

　母親は、Aが幼少の頃から自閉症があるのではないかと感じていたとのことだったが、転校が多かったことや適応できていた時期もあり、受診には至らなかった。

　就職後は大きなトラブルはなく就業を続けていたが、顧客からの要望などをまとめたりする文書作成が苦手であった。ある年に上司が替わり、度々指導を受けるがなかなかうまく対応ができず叱責を受けることがしばしばとなった。同年、めまいを主訴に短期間入院し、以来、3回休職・復職を繰り返し、4回目の休職で、復職の期限が約1年後に迫った頃、リワークデイケアでの治療を求めて当院を受診。リワークデイケアでは会話時の独特の「間」がみられ、意思疎通は不良であった。会話や人前での発言など緊張するような場面では衒奇的な手の動き（顔の前で手を前後に動かす）が観察された。常時、強い無力感を訴えた。

3）診断

　各種検査の結果やリワークデイケア内での行動観察、医師診察などにより自閉スペクトラム症と診断された。なお、同時期に同県内のＡＳＤ専門医療機関を受診しており、そこでも同様の診断となっている。

(2) A氏が主役となったサイコドラマとその後の経過

1）主役選択

　主役希望者を募るとAは「仕事をしていたときに、上司からいろいろと注意され、怒られた場面についてやりたい。怒られたりすると、自分は特別な存在だから、そこまでして生活を維持しなくてもよいという考えが出てきて

しまい、何かしようと思えなくなる」と語り、主役となった。

2）場面1

　ある年。上司から仕様書の修正を何度も命じられる。上司より「ここの論理が破綻している。見直しが足りないんだよ」と怒られると、Aの中に様々な気持ち（＝ロール）がわき起こってくる。ロールクラスター技法を用いて、主役の周りに他の参加者やスタッフによって演じられるAの気持ちを配置していく。

　ロール①：悲しい。なんでこんな細々したところ直さないといけないんだ。

　ロール②：なんでこんな苦労してまで生活を成り立たせないといけないんだ。

　ロール③：この俺がやっているんだから、もうこのへんで受け取ってよ。

　ロール④：俺は特別なんだから上司に言ってやれ！

　Aは一番気になるのはロール④だと言い、いつ頃から自分の中に存在しているのかと尋ねると、Aは「小学校3～4年でいじめられた頃には認識していた」と返答したので、場面を移行させた。

3）場面2

　小学校4年生のときの学校の中。いじめっ子役になったスタッフが「小学校4年生のA」（以下、aとする）をいじめ始めると、aは動けず、緊張したときにしばしば見られる衒奇的な手の動きが出現した。そこで、ロール④が「俺は特別な人間なんだ。そのうち絶対的な力を手に入れて、こんな奴ら一掃してやるんだ！」と息巻く。しかし、aによると「一応机を投げたりして反撃したが、それを先生に見つかって怒られた」のだと。

　監督（ディレクター）の指示で、ミラー技法を用いて、いじめられた後に必死の思いで反撃するが教師から叱責を受け、反撃することも許されなくなったaと、固くaの両肩を握ったままのロール④を観察。

　監督より、おとなになった自分から小4であるaにアドバイスがないか尋

ねると「5年生になったら良い先生に出会えるし、プログラミングが好きになれるし、おとなになってからもそれで食べていけるので大丈夫だよ」と語る。さらにロール④に対するアドバイスを求めたところ、「そんなにいつもくっついていなくても大丈夫だよ」と語りかけたので役割を交換し、A自身がロール④になって上記セリフを聞くと、aの肩にがっちりとしがみついていたA自身によって演じられていたロール④は静かに手を離し遠ざかっていったのである。

4）場面3

上司との場面に戻る。ロール④のみ舞台に上げられ、しっかりとAの両肩をつかんでいる。

上司からの叱責を受けた後のAに対して、ディレクターより上司とロール④に何か一言ずつ言うように指示すると、上司に対して「分かりました。注意して見てみます」と返答し、ロール④に対しては「ずっとくっついていなくてもいいよ」と伝える。

役割を交換しロール④となったAは、自分自身に対して「特別な自分じゃなくてもよいから、頑張れば大丈夫だよ」と伝えながら離れていった。再び役割を交換して自分自身に戻ったAは、ロール④のセリフを聞くと感極まって落涙した。しばし大粒の涙を流した後、ドラマは終了となった。

5）シェアリング

各メンバーから過去のいじめられ体験や、自分を特別と思おうとしていた時期があったことなどが、共感的に語られた。

6）その後の経過

Aは、その後の主治医との診察やデイケアにおける担当者との面談などにおいて、サイコドラマでの体験を「今まで人に言えなかったことを話して、安心して涙が出た」と振り返り、それまでは〝会社に戻りたいと思えない〟

と言っていたのだが、「だんだん会社にも戻ってみたい気持ちになってきた」「苦手な文書作成の練習をしたい」と言うようになった。

デイケア内での他の患者との交流も活発になり、職場での苦労を語る機会が増え、他の患者からの共感的なフィードバックが増加した。自己の障害について職場にオープンにし、ＡＳＤの特性に応じた配慮をしてもらいながら、現在まで再発もなく勤務を継続している。

(3) 考察

1) 症例まとめ

Ａが希望し、サイコドラマの主役となった場面1では、上司から叱責を受ける場面が再現され、その際にＡの心の中に生じる様々な思いがロールクラスターとして表現され（ロール①〜④）、中心となるロール（ロール④：俺は特別なんだ）が同定された。そのロール④の発生した状況を確認するため場面2へと移る。小学4年生の教室ではいじめが行われ、必死の思いで反撃するも教師の叱責を受け、諦めるしかなくなった小学校4年生の自分ａの姿をミラー技法によって見つめたＡは、幼い自分の悲哀を味わい直し、ａとロール④に「大丈夫だよ」と語りかけるとロール④はａから静かに離れていった。Ａの語りかけによってロール④が変化したのである。そして場面3として、上司との場面に戻る。すると、場面1では上司の叱責に激しく反応していたロール④は「頑張れば大丈夫だよ」と言ってＡから離れていき、その瞬間、感極まったＡは落涙しカタルシスが生じた。共感的なシェアリングを受け、その後は、デイケア内での人間関係や復職に向けての姿勢も変化し、復職を果たしている。

2) 優格観念と怒り

ある思考が感情的に強調され、他のすべての思考に優先し、この優先を長時間持続的に保っている場合、この思考または観念群を**支配観念**もしくは**優格観念**という（加藤ら、1993）。発達障害の成人期の初診例では、心理水準で

発達障害の特徴はありながらも行動の水準ではそれほど目立たずに経過することが多く、一方、発達障害の病理については、特定の思考パターンに関して強い固執傾向が伴うと、その思考が優格観念化し、強い感情に結びついて意識内に長期間とどまり占有し続け、被害関係妄想と思われるような状態を呈する場合があるのだという（本田、2014）。

　筆者は、ＡＳＤ者の優格観念として「人類に対する恨み」とでも言うような強い「怒り」を見出すことがある。これは、障害特性から生じるコミュニケーションの不得手さのため、幼少期から繰り返される、理解してもらえないことやいじめなどを経験し、そこにＡＳＤのもうひとつの特徴である固執性が加わり形成されると考えている。

　しかし、このような怒りがそのままの形で表面に出てきたのであれば、社会適応は困難で、たちまちトラブルを起こしてしまうだろう。休職するに至ったＡＳＤ者は、それを防ぎ、行動の水準では目立たせないようにするために父性的な存在による過剰な統制が行われていることがしばしばみられる。言い換えれば、そのような統制が可能であったからこそ、苛烈な学齢期のいじめに暴力的な対応をとらず、就学を継続し、就労し得たのだともいえる。

　したがって、「怒り」がはじめから優格観念として明確になっている事例はＭＣＰの利用者では極めてまれで、「親の言うことには絶対に従わなければならない」とか、逆に、「親も、周りにいる人たちも、全く取るに足りない存在である」といった、強力な父性的存在に対して極端な理想化や価値の引き下げなどが優格観念としてしばしば認められた。

　Ａは大学院修了後、10数年にわたり１つの会社で勤務し続けるなど行動の水準では比較的適応が保たれていたが、心理水準ではＡＳＤの特徴を引きずったまま生きてきたのだと思われる。そこに上司からの叱責が加わり、症状が顕在化したのであろう。Ａの表面的な優格観念は「自分は特別な存在である」というものであった。

　サイコドラマを通じて明らかとなったこととしては、この観念の淵源が小学校４年生当時のいじめられ体験と、怒りを表出したために教師から受けた

叱責に求められるということであった。理不尽ないじめによって自尊心は傷つき、しかし、その怒りを表現してはみたものの、教師から厳しい叱責を浴びたために怒りへの過剰統制が生じ、結果として、無力感と、教師に対する価値の引き下げによる「（無能な教師や同級生たちに比べて）自分は特別な存在である」という優格観念とに結実する。このように、就労に至る程度に行動水準での適応が可能な成人ＡＳＤ者の表面的な優格観念には様々なものがあるが、根底にある「怒り」に目を向けなければ妄想様の訴えに翻弄されることになると思われる。

3）サイコドラマによる「怒れる自己」との和解

　高良は、ＰＴＳＤの診断基準を満たさないが日常生活において何らかの不適応を呈している参加者のトラウマを取り扱ったサイコドラマの経験から、和解には対象との和解と内的自己との和解の２つの側面が存在し、inner child としての「怒れる自己」あるいは「無力な自己」との和解が対象との和解以上に重要で、自己との和解が完成するとき、個人はエンパワーされ、結果として対象との和解へのプロセスを見ることがあると述べている（高良、2013）。

　Ａは、場面２で小学校４年生の自分であるａを演じることで当時の思いを再体験し、さらにａの姿を観察する機会を得る。Ａがしたことは理不尽ないじめや叱責を受けるａを見つめ、その傷つき体験の中核にあった悲哀を味わっただけであり、いじめてきた同級生や叱責してきた教師とドラマの中で何らかの和解を図ったわけではない。しかし、サイコドラマを体験した後の変化は顕著で、「怒り」は解消され、対象との和解が生じていた。この点について考察したい。

　ひとつ目の転帰は、ミラー技法を用いて悲哀を味わいつくしたときに訪れた。ＡＳＤ者では、他者の感情や知識の認知を含む、社会的状況の認知が困難であり、また、自分自身の状態を認識する「自己モニター」に関する能力の障害をともなうことが多いといわれている（米田、2009）。診察や個人面談

などにおける我々の経験でもＡＳＤ者に「何を感じましたか」「どんなお気持ちでしたか」と尋ねても、「何も感じませんでした」「何も分かりません」といった回答しか返ってこないことが多く、面接は深まらないことがしばしば起こる。

しかしミラー技法を用いて客観的に自分を見つめ、監督からの適切な質問や介入があれば、主体的に解決策を見出したり、的確なアドバイスが可能になったりするのである。特に過去の場面に対してミラー技法を用いた場合、幼い子どもを見つめる大人の自分という視点を用いることが可能となる。Ａがａやロール④に与えたアドバイスは、おそらくＡにはそれまでなかった発想で、その結果、ロール④の行動に変化を生じさせたのだと考えられる。

そして、最も重要な転帰はドラマの最後に訪れた。**カタルシス**である。カタルシスは情緒的反応であり、「**浄化**」と翻訳されるように、しばしば複雑な感情が解消して安定を得るという体験をもたらし、古くから演劇のみならず、宗教的体験においても中心的な地位を占めるものとして理解されてきた（磯田、2013）。

Ａは３つの場面を通じて正直に自己を表現し、最後にロール④から「特別な自分じゃなくてもよいから、頑張れば大丈夫だよ」ということばを受け取る。それまで「自分は特別な存在である」という優格観念に囚われていたＡの感情は解放され、つまりカタルシスが訪れ、優格観念の奥に潜んでいた「怒り」、即ち「怒れる自己」というロールは、彼の流した涙とともに浄化され、内的自己との和解が完成したのである。

サイコドラマの中では、自己のロールの自発的な変化によって、内在化された他者のロールも変化するので（横山ら、1999）、「怒れる自己」というロールがカタルシスとともに解消され、その対象であった内在化された同級生や教師、上司との間にも和解が生じたのである。

4）ＭＣＰという集団の治療的効果について

Ａの変化はサイコドラマのみによって生じたとは考え難く、ＭＣＰあるい

はリワークデイケア全体の効果も検討する必要がある。ＭＣＰは11週間にわたって10名前後の少人数で行われるクローズドグループである。一定期間続くクローズドグループではメンバー同士が親密な関係を築くことが多いが、ＭＣＰにおいても例外ではなく、ＡＳＤ者にとってはそれまでに経験したことがないほどの濃厚な人間関係が生じる。そのことを煩わしいと感じる者もいるが、ほとんどの参加者はこれを肯定的に捉え、他者への信頼感、適度な依存、自己肯定感などを育てる。

またＭＣＰでは、毎週ＳＳＴを行い、ＡＳＤ者の特性に合わせて、言語表現と身体表現を別々に練習するなど細かな工夫が行われている。練習は参加者の希望に応じて行われるが、後半にいくほど人間関係をより深化させるような親和的スキルをテーマとした練習が増えるなどの特徴がみられている。さらに言うならば、リワークデイケア全体が宿題の実践の場となり、般化を促進している。

5）サイコドラマを用いたＡＳＤ者の復職支援の限界

リワークデイケアという特性から、Ａ氏を含めてＡＳＤ者の対人関係の改善・安定を考えるとき、職場要因の影響が大きく、治療を進める以外に職場の理解を得るための工夫が必要と思われた。このことについては、ＡＳＤ者の翻訳者となりえるようなコーディネーターを配置したり、復職前に上司や人事担当者を交えたカンファレンスをもつことなどが有効と考えられた。

また、病理の中心が「怒り」ではない症例であったり、クローズドグループで育つ人間関係そのものに拒否的な者で十分な効果を発揮できるのかどうかについては、さらなる検討が必要と思われた。今後の課題としたい。

＊

当院で行っているＡＳＤ者を対象とした古典的サイコドラマに参加した事例について述べ、ＡＳＤ者に対してどのような点でサイコドラマが効果的に作用しているのかについて考察した。サイコドラマはトレーニングに長期間を要するなど技術者の数は非常に少ないのが難点ではあるが、適応の幅は広

く、本稿でも紹介したとおり、成人で就労経験のあるASD患者の復職に関して非常に有効な技法であるといえる。今後は他施設での実践例を増やすなどして、ASD者の治療にいっそう貢献できるよう取り組みを続けたい。

＊横山太範「医療リワークプログラム内で行う成人発達障害者支援—Mutual Communication Program とサイコドラマ—」（『精神神経学雑誌』第117巻第3号、2015年3月発行、212-220頁）に掲載の事例を一部改変のうえ転載した。

※なお本章に掲載した事例は、個人が特定されないよう適宜改変を行った。

文献
・本田秀夫「成人の発達障害——類型概念、鑑別診断および対応」、『精神神経学雑誌』116、513-518、2014.
・磯田雄二郎『サイコドラマの理論と実践——教育と訓練のために』誠信書房、2013.
・加藤正明・保崎秀夫・笠原嘉ほか『新版 精神医学事典』弘文堂、1993.
・高良聖『サイコドラマの技法——基礎・理論・実践』岩崎学術出版社、2013.
・横山太範・磯田由美子・磯田雄二郎「精神分裂病患者に見られた『自己愛ロール』」、『集団精神療法』15、159-165、1999.
・米田衆介「自閉症スペクトラム障害の人々の就労に向けたSST」、『精神療法』35、34-40、2009.

（横山太範）

第 5 章

人間関係力アップのための訓練・トレーニング方法

第1節　心理劇（行為法）を通して

1　心理劇の技法：基本

　心理劇はヤコブ・モレノ（Moreno, J. L.）により創始された（65頁参照）。今日、日本ではひろく心理臨床や教育などの方法として、心理劇は様々な領域や場で活用されている。松村は心理劇のねらいについて「今、ここで新しくふるまうことが重視される。自発的、創造的にふるまうことのできる人間形成がめざされる。心理劇では、そこに成立している対人関係が発展し、そのことにおいて関係の担い手としての個人が伸び、その個人が伸びることが対人関係を発展させるという体験、その体験を豊富にすることができる方向へ周囲の状況を変革していく、その意欲が関係体験を通して育ち、それを実現する態度が、今ここで、新しくとれるようにする」（松村、1961）と述べているように、人間関係力をアップするための訓練・トレーニング方法として心理劇は欠かせない方法のひとつである。

　心理劇は、「舞台」「演者」「監督」「補助自我」「観客」の役割で構成され、これらの役割は重要な働きをする。心理劇においては、上記の**役割構成**を基本として、即興的なドラマの登場人物の役割が展開し、人間関係の回復と発展・自発性・創造性の開発が意図される。心理劇を用いたトレーニングの方法は多々あり、様々な書において紹介されているが、ここでは関係学の第一人者である松村康平が考案した心理劇の方法が活用・展開されているものについて、いくつか取り上げ紹介する。

(1) ローリングテクニック（物媒介人間関係発展の技法）

〈ねらい〉

　物を仲立ちとし、集団のメンバー各々の存在に気づき、**親和感を高める**。集団の人間関係の発展の過程を体験する。心理劇への導入、ウォーミングアップとして行うことができる。

〈手続き〉

　物（身近なもので手に持ち、いろいろに見立てやすい物。例えば、積み木、ブロックなど）を用意する。大集団であれば、各々 6 ～ 10 人のグループに分け、輪になって位置してもらう。

〈方法〉

①監督が「この物を隣の人に渡していってください」と、物を順次、隣の人に渡していくことを提示。物が人から人へとグループをひと回りする。

②物を速く渡すことを提示。

③物を何かに見立てて渡す。

　　i　監督が見立てたものにして物を渡す。

　　　　例：物を「リンゴ（監督が見立てたもの）です」と言って渡す。

　　ii　自分の好きなもの（大事なもの）に見立てて渡す。

　　　　例：物を「犬のぬいぐるみです」と言って渡す。受け取った人は、新しく「スニーカーです」などと、次々に新しく見立てて渡す。

　　iii　相手のことを考えた見立てで渡す。

　　　　例：物を「バラの花束です」などと、各々新しく見立てて渡す。

　　iv　会話を交わしながら、見立てて渡す。

　　　　例：「あなたにおみやげをと思い、昨日伊豆の海岸で見つけた貝殻なの、どうかしら」「あら、素敵なブルーの貝ですね、ありがとう」と、物を介して会話を交わす。

　　vi　場面、役割を設定し、見立てて渡す。

④例：小学生の子どもの役割になり、「ただいまー、お母さん、今日、国語

のテスト返してもらったよ」と相手に渡す。今ここで新たに母親役を付与された相手はテストを見て「あら、今度は漢字をよく頑張ったね！」などと応答する。

⑤心理劇の体験を話し合い、発表し、皆で共有する。

〈特色と効果〉

はじめはグループのメンバーの互いに距離感や緊張感、不安があっても、身近な物を仲立ちとしながら、相互のつながりが意識され、安心感が増し、相互のコミュニケーションのとり方が体験され、理解が深まる。

(2) 集団状況における自己定位安定・役割取得行為促進の技法

〈ねらい〉

集団とは、ある一定の場所（空間状況）で活動が行われる。集団の中で自分の居場所を見つけ、**自己の安定**をはかる。集団の空間状況をなじみのある環境設定にすることで**自発的な役割**をとってふるまう体験をする。

〈手続き〉

参加人数に応じて、充分に移動できる空間（部屋）が必要である。

心理劇の3段舞台など、段差のある空間を活用すると、さらに空間状況の見立てやイメージを広げることができる。50人程度までを対象にすることができる。

①動きながら安心する場所を探し、自分で「ここ」と決めて立ち、自分の気持ちを確認する。

②自分の場所と、周りの人たちの場所も見回して確認する。

③部屋が平らな空間の場合には、中央に椅子を置き、〝ここは噴水（椅子）のある公園〟などと設定する。

④この公園には何があるかイメージし、提案しながら公園の全体と部分が共有されていく（ベンチ、滑り台、ブランコ、砂場、植え込み、ジャングルジムなどと状況が設定される）。

⑤自分がなりたい役割をとって、公園の好きな場所に行って、ふるまう。

⑥心理劇の体験や感想を発表・話し合うなど、メンバーでシェアする。

〈特色と効果〉

　集団の空間状況において、自己の定位安定、確立化が促される。中央に噴水のような中心的支柱を置いた場合、公園というイメージ化、部分の領域化がなされ、役割をとることで領域を自発的選択し、ふるまうことが促される。今ここで楽しく、様々にかかわり合う体験がなされるだろう。他の存在に気づき、人の意図や行動は様々であり、それぞれに意味があることに気づくなどの効果があると考えられる。心理劇のウォーミングアップとして活用できる。

⑶ 3人一組の心理劇

〈ねらい〉

　自発的な演者性を高める。個人と集団の発展に必要な役割をとり合って活動を共につくる体験をする。

〈手続き〉

　心理劇の舞台がある場合、舞台で3人が演者となり、他の人たちは、舞台を囲み観客の役割をとる。順次、観客から3人一組になって演者に移行する。普通の教室などでは、何もない空間をつくり、観客は一重の輪になり、中央に3人一組が演者となってふるまう。

①3人一組（グループ）となる。

②3人（A、B、C）の中で、Aが、例えば「あ、雨が降ってきた」と方向性を出す。Bが「雷も鳴っていますね」と応ずる。Cは「急いで家に帰らなくては」「ここで雨宿りしましょうか」などと即興的に劇を展開する。

③監督が適当なときに手を叩くなどで合図をする。今度は、BかCが「待たせちゃってごめんね」と新しく役割をとり、場面を新しくする。それに対しAは、「少し待ったけれど大丈夫。映画に行きたいな」などと続ける。

④最後にCが、例えば「お客様、そのお洋服よくお似合いになりますよ」等と、デパートの店員の役割をとって場面を新たにし、それに対してA、B

が「お母さんこれどうかしら」「よく似合うけれど、ちょっとこれ値段が高めだわね」などと娘と母の役をとって劇が展開される。
⑤皆で、演じた感想、観た感想などを発表し共有する。

〈特色と効果〉

3人の役割のとり方として、集団の方向や場面を明らかにしたり、提案する役割、集団活動の内容を豊かにし具体化する役割、集団にかかわる人や物とをつなげる役割、また、指導性・集団性・自主性などの可能性がある。3人で、自発的に様々な役割をとり合って、スピーディで楽しい集団活動が展開する体験ができる。

(4) 補助自我による自己確立を促すエゴビルディングの技法

〈ねらい〉

人は、集団や人間関係の中で、自分の占める位置や存在が希薄なのではないか、などと不安になるものである。周囲の人から自分の存在を支えられ、認められる体験を通して、あらためて自分とは何かということに気づき、自己肯定感、自己確立を促す。

〈手続き〉

4人で1グループになり、真ん中に立った1人（A）を囲むように3人（B、C、D）が着席する。

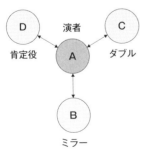

〈例〉
A：自分の髪の毛をとかす動作をする。
B：鏡になって同じように髪の毛をとかす動作をする。
C：「髪の毛をとかしてきれいにしたいな」とつぶやく。
D：「髪の毛の感じがよく似合ってるね！」

図5-1-1　4つの役割（エゴビルディング）

〈方法〉

　図5-1-1のように、中央のAは演者（主役）、Bはミラー（演者の鏡になって動作や言葉をまねする役）、Cはダブル（演者の分身になって行動や内面を代弁したり、表現したりして支える役）、Dは肯定役（演者の良いところを見つけて肯定する役）とする。メンバーは、演者→ミラー→ダブル→肯定役と、順次交代し、4つの役割を全部経験する。

〈特色と効果〉

　集団や人間関係の中で自分の在り方が肯定され、行動や内面を配慮、支えられることにより自己が明確化し、「これでいいんだ」という私らしさの肯定感が増し、自己の安心感、確立が促される。

文献
・松村康平『心理劇──対人関係の変革』誠信書房、1961.
・松村康平・斎藤緑『人間関係学』関係学研究所、1991.
・吉川晴美「関係性の育成と発展のトレーニング」、『人間関係の回復と創造〈現代のエスプリ448〉』、至文堂、2004.
・吉川晴美「心理劇の活用と効果──大学における教育・臨床場面から」、『関係学研究』41(1)、日本関係学会、2014.

（吉川晴美）

2 家族の問題・課題を解決する力を育む心理劇

〈ねらい〉

　問題の具体的な場面を考え・つくり、役を通してふるまう。それを土台にし、修復する手立てを探す。問題・課題を解決する力を育てる。

〈手続き〉

　4～5人でグループをつくる。場所は、部屋に即席の舞台空間をつくる。時間の予測は90分（45分×2）×2回。

・問題を把握するため家族の問題状況を具体的につくる（**具体性の心理劇**）。

・問題状況を分析し、その場に即した対応を考え、仮にその対応をふるまってみる（**仮説性の心理劇**）。

〈方法〉

①グループを構成する。

②ウォーミングアップの心理劇を行う。

③家族の問題状況を設定する。

④心理劇の簡単なレクチャーと留意点について説明する（事前に心理劇の説明がない場合）。

⑤グループごとに心理劇を行う（試しに動いてみる）。

⑥順次グループにて、皆の前で心理劇を行い、観客・演者の参加体験・感想を述べ合い共有し、統合する。

⑦記録紙に記入する。

(1) ウォーミングアップの心理劇「1、2、3の創作体操」

①状況演出として、監督は各グループで円陣になり内側を向いて立つよう誘導する。

②監督が「各グループのモデレーターは、1、2、3のリズムで身体の動きを

発案してふるまう」と説明し、一例をふるまう。監督は「皆さんは、モデレーターの動きをなぞって、1、2、3のリズムに合わせて一緒にふるまう」と説明し、参加者の動きを促す。

③各グループのモデレーター（補助自我）から順次発案した動き（創作体操）を監督の1、2、3のかけ声に合わせて、披露する。それぞれのモデレーターの動きをグループ皆でなぞって一緒にふるまう。

〈感想〉「身体を動かすと、考える意識が出てくるよう……」「皆が私と一緒の動きをして、一体感が生まれ……」「仲間意識が生まれた」など。

〈解説〉身体を動かしながら、自分の身体を感じ、周りにいる人たちを感じて、自分と周りの人々との関係が変わる。また、体操という〝こと〟を通して人との関係が生まれる。

〈特色と効果〉心理劇を行う第一歩は、心と身体を解きほぐすアップ（UP）が必要である。青年期の中期・後期の子どもたちは、他者に対して敏感で心情的に極力自分のことを語らず、自己を守ろうとする。そのため、突然人前で演ずることには強く抵抗し、即興の劇を行うことは難しい。機械的な動きをふるまうことは、参加者が受け入れやすく、このようなプログラムがふさわしい。

⑵ 問題・課題を設定する

本題の「現在家族が抱える問題」の心理劇のために、問題・課題として、家族の問題状況を設定する方法を紹介する。

①グループをつくる。

子どもの虐待、不登校などが、社会・家族の問題として新聞やテレビなどのメディアで報じられる。また家族内の夫婦間、親子間、近隣の人々との間の問題など、人は何かしらの問題を日常生活の中に抱えていると考えられる。そこで、家族に関する問題のジャンルから気になるキーワードを各自が挙げた。監督が、類似したキーワードを挙げた者を集めてグループをつくる。

②劇の内容を考える。役割・場面設定を行う。心理劇の題名を決める。

③決めた問題、役割、場面で、各グループでふるまってみる。

　〈解説〉問題、役割、場面をグループにて確認することが必要。

④皆の前で、心理劇を行演する。[**具体性の心理劇**]。

　〈解説〉監督が、準備段階で場面やストーリーを話し合ったとしても、それにとらわれず、「今、ここで、新しく感じたまま自由にふるまうこと」と伝えてから始める。

　監督は、相談事を明確（課題の明確化）にし、役割と場面を明確にし、参加者（観客、演者、監督）と共有する。

　例えば、「朝、家の居間ですか……。ここに（椅子を出して）お父さんが座っているの？　ここは玄関ですか？」と演者たちに尋ねながら、観客にも分かるように、（空気の）舞台をつくり上げていく（場面構成：椅子や机などは実際のものを使用する）。

　監督は「では、始めましょう！」と開始の合図をする。監督は場面が変わるときに止め、適宜、場面を整え再度開始し、適度な展開があり区切りとなったところで、「おしまい」の合図をするなど、心理劇の進向を担う。

⑤観客が気づき・発見したことを述べる。演者は演者体験・感想を述べる。

　監督は、今この心理劇で見たり聞こえたりした体験のなかで、それぞれの参加した立場で気づいたこと、発見したことについて、皆に表明するようリードする。その順番は、その心理劇の当事者から遠い位置と思われる人から述べてもらうようリードする。

⑥演者・観客の記録紙に参加体験・感想を記録する。

⑦各々の場面において、どのような〝関係〟が見えるかを探す。次に、皆で問題を回復する可能性のある関係を見つける。

⑧仮に回復する可能性のある〝関係〟について変えて心理劇を行う［**仮設性の心理劇**］。

⑨参加体験や感想を述べ、話し合い共有する。

〈例〉家族の抱える問題を「ネット依存」とした場合

場面設定：クラスの友達はスマートフォンを持っているが、自分は持っていない。場所は教室とする。

役割設定：中2女子、父、母、友人A、友人B。

展開：友達からスマホを持つよう勧められた。スマホの購入について、「私」が親に相談した。「親」は、娘がほしがるので買い与えたが、ネット上の付き合いが上手くいかず、家族とのコミュニケーションもなくなり、学校にも行かなくなってしまった。

　〈解説〉

　a．友達の誘い、b．ネットを介した友達付き合い、c．家族とのかかわりなど、ネットに翻弄されている自己が表れている。

〈観客の発見・参加体験・感想〉

観客：リアリティがある。そう簡単には不登校にはならない。逆に早く与えないと使い方を誤り、クラスでの孤立につながることがある。

〈演者体験・感想〉

親：子どもをどこまで信用するか見極めるべきである。

友人A：実際にありうるような場面なので、演じやすかった。

友人B：中・高生でスマホを持っていない人がいたら勧めるし、逆に持っていなかったらほしいと思うので、共感してもらえたと思う。

母親：しつけが難しい。

⑶ 考察

　家庭の様子は様々な面で変貌している。その大きな要因のひとつは、核家族の増加にある。厚生労働省「平成27年国民生活基礎調査の概況」の発表から、核家族世帯を「夫婦のみ」「夫婦と未婚の子ども」「片方の親と未婚の子ども」などをすべて合算した「核家族総数」は、今世紀に入ってからの動きだけでも、核家族は300万世帯ほど、単独世帯は260万世帯強増え、三世代世帯は100万世帯以上減っているとし、さらに経済的不安感として子ども

の貧困についても指摘している（厚生労働省「平成25年国民生活基礎調査の概況」）。

こうした家族内外の事情に影響を受けて、家族の置かれる状況も刻々と変化し、家族の問題への対応の仕方も新たな局面を迎えている。このような状況の中で派生する家族の問題を的確に把握し、分析し、どのように対応すればよいのか考えることが必要であろう。

そこで、1：家族の問題を把握すること、2：家族の問題を分析し、その場に即した対応を考え合い（状況のどこをどのように変化させるか）、3：試行（試してふるまう）し考え、4：問題に対応する力を養うことが必要である。

1）課題の分析

○連動する関係を捉える

家族員同士の関係がギクシャクし良くない場合、その修復は難しく、工夫が必要である。核家族の家族関係は単一で、親密な傾向にある。それゆえに、夫婦・親子関係は、過干渉・過保護などになりやすく、ひとたび関係が悪化すると修復するには時間がかかり、葛藤や放任といった中途半端な状態を招くことになる。そこで、心理劇によって連動する関係を明らかにし、どこが滞っているかを捉えられると考える。

○家庭の機能を俯瞰的に捉える

元来、家庭では、異なる年齢や性とかかわり、「豊かな心」「健やかな体」「生活の術」を育て、「生きる力」を育む場であった。しかし、昨今「生活の術」よりも「学力をはじめ習い事など」個人の能力を引き出すことに力を注いでいる。子どもたちは、塾や習い事といった家庭の外の力を借りて育つようになった。家庭の機能は、「生きる力」を育むことよりも、進学先や仕事を重視し、おのずから質的に変化したと考える。

○立場による見え方の違いに気づく

このような青年期の中期・後期の子どもたちは、身体的・精神的悩みを抱

えている。また、子どもという立場上、問題の本質が見えにくく、的確な対応ができない。そこで、家族の問題、例えば、母の立場なら子どもの望むことをさせたいとか、父親の立場なら客観的に捉えねばならないといったように、立場によって見え方が異なることについて考える必要がある。

○関係理論と照らし合わせて考える。

松村の「人は関係的存在である」を基盤とし、今、ここの状況、場において、人とかかわり、物とかかわり、自己とかかわり生活しているということを生徒自身が意識することが必要である。また、こうしたかかわりを捉えることにより、生活の状況を客観的に考えることができる。

2）様々な関係を取り上げ、関係を変え、変革すること

心理劇は、家族の生活を縮図的に捉えることができる。また、授業のように、劇中の「あの場面で……」「父と話しているときに……」「帰ってきたときに……」その場面で「こう思った」などとそのときの気持ちを述べ、「こうなっていれば……、こう思ったかもしれない」と可能性を述べ、問題を通して自身の生活のあり方に新しい工夫を見つけたり、あるいは別の考えがひらめいたりする。また、具体的な場面の中にある関係を引き出し、その関係のどこかを仮に変える試みは、心理劇を活用してできる。このようにいろいろな立場で多角的に見れば、おのずと自分なりの変革のヒントが芽生える。その可能性を求めて、心理劇を行うのである。

文献————————————————————————
・厚生労働省「平成 27 年国民生活基礎調査の概況」2016.
・厚生労働省「平成 25 年国民生活基礎調査の概況」2014.
・松村康平・黒田淑子「人間知の行為科学化に関する研究 II」、『関係学研究』第 12 巻 I 号、1984.

（中村洋子）

3 「観技（状況関係認知）」の体験により、多様な観方・かかわり方に気づく

〈ねらい〉

・演者の行為を観客として意識的に観る。

・観たことを参加者の前で言葉にして発表し、観たものを意識化する。

・自分以外の参加者の観方を知り、多様な観方、かかわり方の可能性を知る。

・集団の中の自分の役割（観客としての意味）について気づく。

・実習など対象を観察する学びの準備として体験する。

〈手順〉観技の手続き

①ウォーミングアップ（なんでも。バスケット、空気のボールなど。席が変わるように意図したもの）。

②観技についての簡単な説明。

③監督が「これから舞台で演じる人を、よく見ていて、後でどんなことをしたかを言ってください」と観客に提示。

④補助自我または監督役の教員が演者となり、1人で3段舞台にてノンバーバルで演じる（30秒〜1分くらい）。

⑤観客が各々「自分がどのように見たか」をそれぞれが紙に書き留め、発表し合う。

⑥演者がどのように演じたか、ことばとふるまいで観客に伝える。

⑦シェアリング（参加してみての感想を共有）。

(1) 観技とは

「観技」とは、1960年代に松村康平により考案された心理劇における観客を中心とした技法であり、観る力、かかわり方を向上させるためのトレーニング方法である。

松村は、「観技の実技には、①観客に重点を置いて場面設定をし、演者は

監督の意図を体現すること、ことばを使わずふるまうこと、②観客は演じる人をよく観ていて、どんなことをしたかを言う、③観る人によって、状況関係認知がいろいろであり、ひとつとして同じ観方をしていないこと、ほかの人の言うことに気づき、驚きの体験が生まれたら成功、④自分の観方は、ほかの人とは違う観方をして、それは自分にとって確実なことと実感すること、⑤演者は、『わたしはこうしました』とことばだけで知らせるのではなく、はじめにしたのと同じようにふるまいながら、今度はそれに、ことばを添えてふるまって、はじめに何をしたかが、見ていた人に分かるようにする」と述べている（松村、1967）。

　観技を行う際、演者の演じる内容（ドラマの内容）、監督・補助自我・舞台（空間）・環境等との関係が観技をより充実させる重要な要素である。

　演者が行う演示は、①ノンバーバルで演じる、②「ジェスチャーゲームではない」と監督は説明するが、多数の観客が自分の観方と演示内容が一致することを期待する、③１人で多数の観客の前で演じる（できれば20人程度の集団がより効果的である）、④１回あたり40秒〜１分程度演じることが特徴である。

　通常、心理劇において、演者は自分の解決したい問題を提示するなど「主役」と呼ばれることもあるが、観技おいては、監督の補助自我が担う。さらに授業で行う場合は、参加者である学生の学びになるように配慮し、観客中心の劇を展開することが求められる。

　松村は、観技の実施について「観客に重点を置いて場面設定をし、演者は監督の意図を体現して、ことばを使わずふるまうこと」としており、監督との事前・事後の話し合い等でセッションの意図を十分に確認することがより充実した観技を成功させるためには重要である。

　観技における演者の演示内容を比較し、「観る人によって、状況関係認知がいろいろであり、ひとつとして同じ観方をしていないこと、ほかの人の言うことに気づき、驚きの体験が生まれたら成功」となる観技の演示の特徴は、①心理劇の特徴のひとつである「今・ここで・あたらしく」表現されている

こと、②役割や場面設定に工夫、意図があること、③身体の動きや状況が空間的・時間的にも力動的であること、が挙げられる。

また、**演示の仕方**には、次の５つの要素（あいまい性、内面性、力動性、場面変化性、空間性）が必要であると考える。以下に、その５つの要素について説明する。

①あいまい性

その行為を見ただけで何をしているのか判断できないようなふるまい。

例えば、包丁で切るしぐさを手で縦にトントンと動かす、手で顔を覆って隠れて「いない いない ばぁ」のようなしぐさをとると、あいまい性は低くなり、「驚きの体験」の可能性が低下する。

②内面性

表情や心情を細かに表現し、その心情を意図して演示するふるまい。

例えば、ふるまう中で顔の表情や演者自身の緊張が観客に伝わると、その意味や状況を観客がそれぞれ考え始めることがある。それは、演示内容を意図して表現されることもあるが、意図せず自然な形で出てくることもある。心理劇の特徴である、即興で演じたものを観客と演者が共有できる性質であり、ビデオや写真とは違った「観技」の特徴といえる。

③力動性

身体をダイナミックに使い、活発に、躍動感がみなぎるふるまい。

例えば、表情や心情を顔で表現するだけでなく、動きを速くしたり、動きの種類を多くすると、豊かで様々な場面の表現になりやすい。その逆に動きが遅く、動きの種類が少ないと、より演者の気持ちや場面の状況がどのようであるか分かりにくくなる。

④場面変化性

時間的にも空間的にも場面を大きく変化させ、演示するふるまい。

例えば、40秒の演示の中で時間の経過を飛ばし、ダイジェスト版のように場面を組むことで、動きや場面に複雑さが出てきて演示内容が様々にとれることとなる。また、演者は場面を１場面でなく複数場面（３場面程度）を

イメージしながら演じると、場面そのものにストーリー性が出てきて、役割や場面構成にも広さ・幅がでてくる。

⑤空間性

演じる空間（3段舞台の段差等）も、空間を隅々まで大きく使い演示するふるまい。

例えば、3段の舞台の形状（段差や広さ）にも観客の意識が向きやすいのは、広く大きく身体を使った表現であり、動きが狭く、小さいと部分的な気づきになりやすい。

(2) 考察

対象者（教員、保育者養成大学における教育実習事前指導受講者）は観技の体験を通して、①多様な観方の重要性、②自己の観方の意識化、③自他への肯定感、④環境空間と人の行為との関係性への気づき、⑤演者の表情・心情・場面・状況から観ること、⑥行為の経過、見通しの重要性などが実感された、と捉えている（吉川・田尻、2011 および 2012）。

大学生の教育実習事前授業で観技体験を経た学生は、「観察者として（事実を客観的に正しく把握する力）」「演者としての（子ども・教師と共に学び、共感し、幼稚園での豊かな生活を創る力）」「監督として（状況や場面を部分的だけでなく全体的に把握し、先への見通しを立て、今ここで新しく状況を発展的に創る力）」を培うことが大切であり、観技体験を通してその力の大切さを訓練するきっかけづくりとなったのではないかと考える。

また、演示の仕方には、さきに挙げた5つの要素（あいまい性、内面性、力動性、場面変化性、空間性）が必要であると考える。それは、一つの要素だけが演示内容に影響するのではなく、いくつもの要素が重なり合い、どの要素もバランスよく表現されることが重要なことだと考える。特に場面変化性を意識して演示内容を組み立てていくと、他の要素も含まれる場面が成立しやすいと考える。

文献

・関係学会（編）『関係学ハンドブック』関係学研究所、1994.
・G・A・ロイツ『人生を舞台に──モレノの継承と発展　心理劇』、野村訓子（訳）、関係学研究所、1989.（1979）
・松村康平「臨床心理学の方法」、『臨床心理学』朝倉書店、1967.
・J・L・モレノ『サイコドラマ──集団精神療法とアクションメソッドの原点』、増野肇（監訳）、白揚社、2006.
・田尻さやか・吉川晴美「心理劇の効果Ⅲ──観技における演示内容の検討」、『日本心理劇学会第21回大会要旨集』、2015.
・田尻さやか「行為法についての研究──保育者・教員養成における観技の可能性について」、『東京家政学院大学紀要』第56号、2016.
・土屋明美「心理劇と関係学──共に育つ」、日本関係学会（編）『関係〈臨床・教育〉──気づく・学ぶ・生かす』不眛堂出版、2011.
・吉川晴美「心理劇を通して豊かなコミュニケーションを育む」、『教育と医学』2015年6月号、2015.
・吉川晴美ほか『新訂 人間関係』不眛堂出版、2010.
・吉川晴美・田尻さやか「心理劇の効果──保育者養成における観技の意義」、『日本心理劇学会第17回大会要旨集』、2011.
・吉川晴美・田尻さやか「心理劇の効果Ⅱ──「観技」による自己評価アンケートから」、『日本心理劇学会第18回大会要旨集』、2012.

（田尻さやか）

第2節　傾聴スキル、自己カウンセリング

1　「傾聴スキル」のトレーニング

⑴「傾聴」とは何か

　カウンセリングでいわれる「傾聴」は、「英語のリスニング（listening）、もしくはアクティブ・リスニング（active listening）が訳出されたもの」（斎藤、2004）である。

　日本では傾聴と一般的にいわれるが、それではその意味合いが充分に表現されていないとして、「能動的傾聴」（斎藤、2004）とか「積極的傾聴」という語も使われる。ともかく、「傾聴とはカウンセラーがクライエントの話に耳を傾け、しっかりと聴くこと」（斎藤、2004）であり、「黙ってクライエントの心に寄り添って聴いていく」（播磨ほか、2003）ことである。

　単に話を〝きく〟といっても、〝きき方〟はいろいろある。カウンセリングの〝きく〟は〝聞く〟ではなく〝聴く〟である。聞くは、ことば通りに事柄や気持ちを受け取って表面的な理解にとどまるが、聴く（傾聴）は、それとは全く質の異なるきき方である。つまり「傾聴するということは、クライエントが表明している経験世界を把握するだけでなく、本人がまだ充分に気付いてない内的経験の微妙なニュアンスを感じ取るなど、クライエントの話の背後にあって、本人の意識の外に追いやられているつらい気持ちや思いを感じ取る」（播磨ほか、2003）ことなのである。

　いずれにしても、傾聴は、カウンセリング活動の基本であり、傾聴の内容、

質によってカウンセリングの質も大きく変わるといわねばならない。

(2)「傾聴」の目的

カウンセリングでは、クライエント（来談者）が語る内容を聴くことで、クライエントを理解し必要な援助を考えていく。いうまでもなく、クライエントは、まず自分の悩み・苦しみを分かってもらいたくて、カウンセリングを受けに来る。その場においてカウンセラーは「クライエントの話を充分に聴こうと構えているわずかな人間の一人、時には唯一の人間」（フェルサム＆ドライデン、2000）である。クライエントの話を充分に聴く役割を担う者として、カウンセラーは感性を研ぎ澄まし、言葉の背後にあるものをも捉えていくことが求められる。

カウンセリングにおいて傾聴が基本的活動として強調されるのは、クライエントの今・ここの状況を理解するだけでなく、それを生じさせているその人の意識していない心の深みに、その人自らが気づいていく手がかりを探る営みだから、といっていいのではないだろうか。クライエントは自らの思いを充分に聴いてもらうことで、自己恢復の道に踏み出すことができるのである。

(3)「傾聴」スキルのトレーニング：ロールプレイ

傾聴スキルを磨くための訓練では、**ロールプレイ**が用いられることが多い。「ロールプレイ、またはロールプレイングとは、日本語で『役割演技』と一般に訳されている対人関係の訓練技法である」（斎藤、2004）

ロールプレイは、様々なやり方で行われているが、相手の話に身を入れて聴いていくための聴き方の訓練という性質上、基本的なところは変わらない。

以下に、ロールプレイの一例を紹介する。

1）研修におけるロールプレイの一例

①役割を決める。

A＝聴き手（カウンセラー）、B＝話し手（クライエント）、C＝観察者。

②それぞれの居る位置を決める。

　図5-2-1にその例を示す。まず、話し手Bの意向を最優先にする。話し手Bと聴き手Aは対峙し、観察者Cの位置は、AB両者から等位置になるようにする（二等辺三角形の残りの角のイメージ）。間に机を置く場合もある。
③話し手Bが、自分の課題を話す。

　20分（15分、長くて30分など適宜）で自分の課題（または話しやすくするため、いくつかのテーマがある場合もある）を話す。
④聴き手Aが傾聴する。

　以下の5項目の条件に留意して、傾聴に努める。

　　1：伝達内容を正確に聴きとる。
　　2：感情、気持ちを正確に聴きとる。
　　3：相手の枠組みで正確に聴きとる。
　　4：なんらかの反応をする（レスポンス）。
　　5：相手の成長につながる聴き方をする。

どの条件も、それ一つだけではカウンセリングを成り立たせるには充分ではない。これらはあいまって傾聴のスキルとなっている。まずは傾聴によって相手の状況を正確に捉えること。相手がどういう気持ちでカウンセリングを受けに来ているのか、相手の苦しさはその人のどういうところから生じているのか。それらを、自分のではない、その人の枠組みで捉える感性をフルに働かせることが必要である。そのためには、また質問も重要な意味を持つ

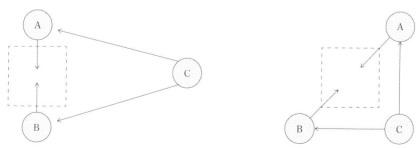

図 5-2-1　三者の位置の取り方

場合がある。そこでここでは、特にカウンセラーの行う質問について触れておきたい。

2）質問の重要性と留意点

質問は、上記の条件4「なんらかの反応をする（レスポンス）」の一つになると思われるが、最初のころはクライエントにこちらから何かを尋ねるということには臆病になるものである。特に初心者は、面接においてはあまりこちらから話さずにとにかく傾聴しなさいと指導されるので、質問などはなかなかできない。が、傾聴が命といっても、ただあいづちと肯定的な反応（レスポンス）だけでは、内容は深まっていかない。クライエントも、自分の訴える内容がどうカウンセラーに響いているのか分からず、しらけた気持ちになってしまうかもしれない。話し手に「お話はきちんと心にとめて聴いていますよ」と伝えるためにも、適切な質問は有効である。しかし、それが適切になされなければ逆効果ともなる。内容、ことばの選び方、そしてタイミングは慎重にはかられねばならない。

その際、特に注意する必要があるのは、「実情調査のための質問、一般には『はい』や『いいえ』で答える、こうした質問は最小限にとどめるべきもの」（斎藤、2004）であり、また「なぜで始まる質問は注意が必要」（斎藤、2004）とされる。なぜならそれは、クライエントに対し、問い詰められるニュアンスを感じさせ「しばしば相手を防衛的にさせる」（斎藤、2004）ことがあるからである。その結果、クライエントはカウンセラーに心を開きにくくなってしまう。それはカウンセリングの不調につながりかねない。それに比べて「『どのように』とか『どんな』で始まる」質問は、「防衛的感情を持たずに話すことができる」（斎藤、2004）ので、カウンセリングの内容が深まるとされる。

3）スキルアップのために

以上の点に留意しつつ、3人がABCの役割を交代して行い、一つ一つの

体験を検討し合い、指導者からも指摘・アドバイスを受ける。

　また1対1の面接のロールプレイは、原則として、テープに録音して振り返り、検討がなされる。テープはカウンセラー役が用意し、やりとりを記録して逐語録を作成する。次に、テープを聴くと同時に、逐語録で内容を確認しながらの検討になる。指導者も総合的な立場で助言、指導を行う。

　また電話相談のトレーニングはどうかといえば、電話機を使ってのロールプレイが行われるが、傾聴スキルの基本は面接の場合と本質的には変わらない。多くの場合、「いのちの電話」でなされているやり方がモデルになっている。電話相談のロールプレイは、相談員のグループで行われ、参加者全員がフィードバックする形をとる。

　傾聴のスキルアップは、研修等に組み込まれたロールプレイや、スーパービジョンを受けるなかで、繰り返し図られていくのである。

文献—————————————————————————————

・コリン・フェルサム、ウインディ・ドライデン『カウンセリング辞典』、北原歌子（監訳）、ブレーン出版、2000.
・播磨俊子・佐藤真子・澤田瑞也（編）『カウンセリングを学ぶ人のために』世界思想社、2003.
・斎藤利郎『ピア・カウンセリング——高齢者ピア・カウンセラー養成の試み』、現代書林、2004.

（羽田里加子）

2 「自己カウンセリング」を応用したトレーニング

　カウンセリングにおいて重要な基盤となるのが、クライエントとカウンセラーとの信頼関係である。クライエントは、カウンセラーに自分の問題（悩み）や経験を語ることで、自分の心を整理し、自分らしい生き方を自己決定していく。その際、カウンセラーに受容されるという安心感は、クライエントにとって大きな支えとなる。カウンセリングとは、クライエントとカウンセラーとの出会いから始まるのである。

　それでは、人が人と出会い、互いを理解し尊重し、信頼関係を築いていくために必要なことは何であろうか。

　他者を理解するためには、実は、まず自分自身を客観的に見つめる作業が必要である。それはカウンセラーにとっても同様で、自分自身を知り、自分自身があたたかく受けとめられるという体験は、カウンセラーの役割をとる上で非常に大きな意味を持つ。ここでは「**自己カウンセリング**」の考え方を応用したワーク（トレーニング）を紹介する。

(1) Work 1「かけがえのない私」

〈ねらい〉

　このワークでは、自分自身の良さを認め、それを素直に相手に伝えてみるという体験を行う。あわせて、相手に大切に受けとめられるという体験も行っていく。このように、自分の良さを認め、素直に相手に伝えるという体験は、**アサーション・スキル**（自分も相手も尊重しながら、自分の思いや考えを相手に伝えるスキル）を身につける基礎トレーニングにもなり、人間関係力の向上へとつながるものである。

〈方法〉

① 以下の1～2の質問に対する回答を紙に書く。

答えは１つでも複数でもかまわない。また、他の人の評価は気にせずに、自分がそう思ったら遠慮せずに書くことが大切であることを、事前に回答者に伝えておく。

　１：私がこれまでで「よくがんばった」と思うことを書いてみましょう。（「よくがんばった」ことが思い浮かばない人は、「まあまあがんばった」と思うことでかまいません）

　２：私が最近「よくがんばっている」と思うことを書いてみましょう。（「よくがんばっている」ことが思い浮かばない人は「まあまあがんばっている」ことでかまいません）

②聴き手と話し手の２人でペアになり、①で書いたことを相手に伝えてみる。

　１人が話し終わったら、役割を交代する。この時、話し手は恥ずかしがらずに、素直に思いきって相手に伝えてみる。また聴き手は、相手の話す内容にしっかりと耳を傾けて、大切に受けとめ、相手の苦労やがんばりに対し、その努力をねぎらい、心をこめてほめる。ただし、大げさな口調や表現は、かえって不自然になるため十分に気をつける。（以上のワーク原案：福島脩美、2005より）

〈学生の体験から〉

　以下に、実際にこのワークを体験した学生の感想をいくつか挙げる。

　　○話してみて

　・自分で話してみて、最初は少し照れくさかったけれど、相手から「すごいね」「がんばったね」とほめられたり、「もっと教えて」など詳しく聞いてもらったりすると、とてもうれしい気持になった。

　・話を聞いてもらっただけで心が落ち着くのを感じた。

　・相手がほめてくれたり喜んでくれたりすると、その時の思いがよみがえってきて、とてもうれしくなった。

　　○聴いてみて

　・話を聴くことはできても、相手をほめたりコメントを返したりするのが難しかった。相手をほめることばのバリエーションが自分は少ない

と思った。

・上手な質問やコメントを返すと話し手もたくさん話してくれるのかな、と感じた。

〈特色と効果〉

　誰もが努力家と認める学生がいた。ただひとり、ほかならぬ自分自身が「私はまだまだ努力が足りない、私はだめな人間である」と自分のことを認められずにいた。このワークを経験して「最初はこんな私をなんでほめるんだろう、と思っていたが、だんだんと少しは素直に喜んでもいいのかなと思えるようになった」「今までも相手のことはすごいなと思って、素直にほめることができていたけれど、自分がだめだから自分と比較して相手をほめていたような気がする。それでは本当に相手のことをほめるのとは少し違う気がする」と感想を寄せてくれた。

　このワークは「相手に受けとめられる安心感」や「誰かに認められる喜び」を体験するもので、聴き手にとっては、ロジャーズの**中核三条件**（43頁参照）のうちの2つの条件「無条件の積極的関心」「共感的理解」の力を高め、話し手にとっては、自分の内的体験を丁寧に吟味しながら考えていくという「自己一致」の態度を身につけていくための基礎トレーニングとなっている。

⑵ **Work 2** 「自分会議」

〈ねらい〉

　私たちは様々な「自分」を持っている。なかには、まったく相反するものもある。通常、私たちはそれらの様々な「自分」を場面や状況・相手によって使い分けているのだが、悩みや課題を抱え苦しみの渦中にあると、どれが本当の自分なのか混乱し、ますます苦しみが増してしまう。カウンセリングでは、カウンセラーがこうしたクライエントの混乱した状況を整理し、クライエント自身の気づきを促進していくのだが、このワークでは自分自身が客観的に自分を見つめ、気持ちを整理し、統合させていく力を養っていく。

〈方法〉

① 役割を決める。

　4人で1グループを作り、それぞれ役割を決める。役割は以下のとおりである。

　　わたし：悩みや課題を抱えている自分。

　　ポジさん：積極的でポジティブな自分。

　　ネガさん：消極的でネガティブな自分。

　　クールさん：客観的で冷静な自分。

② クールさんが投げかける。

　はじめにクールさんが、「わたし」が今抱えている悩みについてどう対応したらいいか、冷静に自分たちに投げかける（例：明日までの課題があるが、急に彼からの誘いがある）。

③ ディスカッションを行う。

　わたし、ポジ、ネガ、クールの4人はそれぞれの立場からディスカッションを行う。

④ 最終的な判断を「わたし」が行う。

〈特色と効果〉

　頭の中だけで考えていると、思考が堂々めぐりとなり、ますます混迷してしまいがちだが、それぞれの「自分」を尊重し、率直に思いを話すことで、客観的な判断がしやすくなる。

文献
・福島脩美「11章-2　アサーション」、『自己理解ワークブック』金子書房、2005.

（柳瀬洋美）

第3節　臨床動作法、漸進性弛緩法

　現代社会には様々な**ストレス**が存在している。ストレスを引き起こす原因もまた多岐にわたり、その感じ方も人によって大きく異なる。しかし、ストレスをそのままにしておくと、身体の病気、心の病気が現れ、生活や仕事（学業）に支障をきたすことにもなる。ストレスを解消し快適な生活を送るために、日々の緊張を解き、自らを最適な心身状態にするセルフケアの方法を知ることが大切である。

　ここではストレスに関する基礎知識を説明した上で、心身のリラックス方法である、臨床動作法、漸進性弛緩法を紹介する。

(1) ストレスとは

　ストレスの3つのキーワードは、**ストレッサー**（ストレスの原因）、**ストレス反応**（ストレスに対する反応）、**ストレス対処法**（**ストレスコーピング**）である。

　ストレッサーとは、ストレスの原因となるもの、例えば室温・照明・騒音といった物理的環境要因や、人間関係のトラブル、精神的な緊張・怒り・不安などの精神的な要因で、個体の外側の刺激や変化を示す。ストレスは、そのような環境変化に合わせて適応していくための、生理的・心理的反応の全

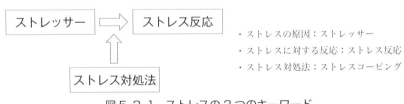

図5-3-1　ストレスの3つのキーワード

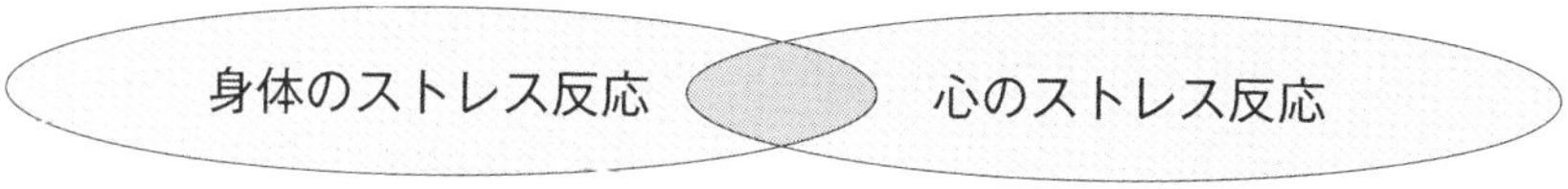

身体のストレス反応		心のストレス反応	
不眠、早朝覚醒	肩こり、背中のこり	不安、心配、緊張	面白くない、
睡眠過多、食べすぎ	腰痛、	いらいら、	楽しくない
飲みすぎ、食欲不振	高血圧、不整脈、	怒りっぽい	ネガティブ思考
胃もたれ、胃痛	動悸	無気力、無関心	自責感
下痢、便秘	息苦しさ、咳こみ、	落ち込み、	他人への攻撃
偏頭痛、頭重	過呼吸	やる気が出ない	ひきこもり
		集中できない	

図 5-3-2　身体と心のストレス反応

般をいう。

⑵ 臨床動作法

　心理療法の多くが、クライエントとセラピストとの間に「ことば」を介在させ、ことばを手段として、心理的問題の解決を図っていくが、臨床動作法では「動作」をその手段としているところに特徴がある。

　臨床動作法は、人の動作という視点から、「こころ」だけや「からだ」だけにとどまらず、健やかな人の営みをはぐくむ心理援助法であり、九州大学名誉教授の**成瀬悟策**（1924-）博士が提唱した日本オリジナルの画期的なアプローチとして知られている（日本臨床動作学会ホームページ参照）。

　赤ちゃんは生まれたその時から、その環境の中でうまく生きていくために必要な動きを主体的に行っている。からだの中から起こってくる要求や欲求に応えて適切にいきむ・動く・揺らすなど、からだの動きがそれに対応しているので、赤ちゃんはまさに生き方の達人といえる。やがて成長するに従い、外界に対して身構えたり心構えをもって意識的に生きていくようになると、その緊張感がいつの間にか習い性になって肩こり（慢性緊張）が生じたり、大事な場面であがって（過緊張）ミスをしてしまうなど、力みすぎてこころとからだがチグハグになり、いろいろな問題が起きるまでになる。

　そこで、臨床動作法により不必要に緊張している自分に気づき、それを自

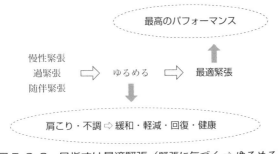

図 5-3-3　目指すは最適緊張（緊張に気づく ⇨ ゆるめる）

分でゆるめ、楽になったからだを実感することができるようになると、からだに変化が起こってくる。この実感的体験が、力みすぎない生き方への変更につながっていくことになる。そして、心身の健康の維持・増進のために、からだの不要な緊張をゆるめてこころの活動の仕方を活性化する臨床動作法により、しなやかな生き方を取り戻していくことができる。

(3) 漸進性弛緩法

　筋肉の緊張と弛緩に注意を向けてゆっくりと筋肉の弛緩を繰り返すことが心身のリラックス感をもたらすということを医学的に明らかにしたのは、米国の神経生理学者であるジェイコブソン（Jacobson, E. 1888-1983）である。成瀬は、ジェイコブソンが考案した「漸進的筋弛緩法」を活用しやすい形に簡略・改良して日本に紹介した。山中寛（1954-2016）は、その「簡易漸進性弛緩法」をオリンピック選手のメンタルトレーニングに導入して成果を上げ、

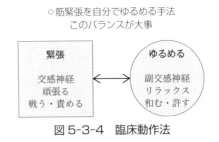

図 5-3-4　臨床動作法

● 不安、緊張、恐れ

● 筋肉の緊張が高まり、不安がさらに増強する。

● 筋肉を弛緩させれば、身体的緊張レベルが低下し、感情面の
リラックスも得られる。

(Jacobson)

図 5-3-5　筋肉をゆるめて、リラックス

　さらに、スクールカウンセラーの経験からストレスマネジメント教育の授業実践にも活用した。頑張りモードの学校で疲れている生徒たちが、本当に頑張るためにはリラックスすることが大事だと実感できる体験学習である。その後、教員研修に普及したことに始まり、このセルフケアの技法は対人援助職のストレス対処法としてメンタルヘルスの維持・向上に寄与している。

　ゆったりした衣服で仰臥位になり、身体各部の筋肉を数秒間緊張させ、次にそれをゆるめてそのリラックス感をじっくり味わうのがコツである。手首・腕→足首・脚→上半身→腰→顔の順に緊張させて逆にゆるめることで、より深い弛緩感と心理的リラックス感が得られる。

文献
・E・ジェイコブソン『積極的休養法——リラックスの理論と実際』、向後英一（訳）、創元社、1972.
・成瀬悟作『臨床動作法——心理療法、動作訓練、教育、健康、スポーツ、高齢者、災害に活かす動作法』誠信書房、2016.
・日本臨床動作学会ホームページ　https://www.dohsa.jp/
・山中寛『ストレスマネジメントと臨床心理学——心的構えと体験に基づくアプローチ』金剛出版、2013.

（松井知子）

おわりに

　本書は、生涯発達への関心が高まる今日において、乳幼児期から青年期までだけではなく、青年期以降も含めた生涯の各々の時期における問題を取り上げた。なぜなら、生活環境において人は人間関係から大きく影響を受けるという考えに立ち、「生涯発達と人間関係」の視点からの理解を図ることが重要であるとしたからである。

　また、各発達段階の発達課題が明らかにされ、適切な人間関係のなかでその獲得の積み上げがなされなければ、発達を豊かにして、それ以後の心の危機を解決していくことができない、と考えるからである。

　本書では、様々な現場において課題や問題を抱える個人や集団にかかわる心理士、教師、保育士、看護師などの対人援助職の人たちが専門職として求められる基本的な考え（理論）・方法（技法）・実践（事例）について具体的に記している。そして、対人援助職者がかかわりの対象となるクライエント・子ども・児童生徒、また支援を必要とする方々に対し、どのような状況・立場におかれた方々であっても、ひとりの人格をもった人間として尊重し、共に成長することを私たちはめざす。そして、本書でもその姿勢を貫いたつもりである。

　なお、昨今のプライバシー保護、倫理的配慮等が厳しくなってきている状況に鑑み、事例の扱いについては、十分に倫理的配慮を行い、個人が特定されないように原則として事例の中で多少の脚色があることをご理解いただきたい。そして何よりも、現場支援として、臨床活動の現場で実際に役立つように解説することを優先した。

　本書が、心理臨床の専門職を目指す学生はもとより、心理・教育の現場ですでに活動している心理職の方々、さらには施設・園・学校などの指導者や保育者、教師の方々の日々の仕事のお役に立てば望外の喜びである。

2017 年 9 月

松井知子

キーワード索引

人名

アイゼンク　48
ウィットマー　28
ウィニコット　60
ウォルピ　48
エインズワース　75
エリクソン　22, 74
エリス　53
大野裕　54
クーリー　8
孔子　21
サリヴァン　7
ジェイコブソン　228
ジェンドリン　45
スキナー　50
スターン　72, 79
成瀬悟策　227
ハイダー　9
ハヴィガースト　69
パブロフ　49
早坂泰次郎　6
ハーロウ　75
バンデューラ　52
フロイト　7, 31
フロム　7
ベック　53
ボウルビィ　74
ポルトマン　72
マーラー　33
マズロー　23
マッセン　68
松村康平　6, 9, 56, 62, 212
三隅二不二　9
メイヨー　8
メイン　76
モレノ　8, 65, 66, 175, 200
山中寛　228
ユング　38
ラター　75
ラム　77
リンズリー　48
レヴィン　8
ロジャーズ　42
ワロン　72

事項

A〜Z
ADHD　155
AQ　174
ASD　166, 173, 184, 189
LD　155
MCP　173, 180, 189
Quality of Life　107
SST　174, 185

あ行
愛着　74
愛着障害　78
愛着の質　75
愛着理論　74
アイデンティティ（の）確立　95, 102
アイデンティティ VS. 拡散　99
アイデンティティ未確立　146
あいまい性　214
アクティブ・リスニング　217
アサーション・トレーニング　175
アサーション・スキル　222
アスペルガー症候群　155
アタッチメント　16, 74
アニマ　39
アニムス　39
医学的治療アプローチ　19
怒りへの過剰統制　195
怒れる自己　195
生きる力　91
移行現象　61
移行対象　61
意識　31
　―前意識／無意識　31
いじめ　88

一次障害　167
1、2、3の創作体操　206
1歳6カ月児健診　111
一者関係　122
5つのかかわり方　9〜11
5つの要素　214
医療リワーク　166
陰性転移　37
ウォーミングアップ　177, 179
永遠の少年／少女　39
鋭敏な関係洞察　13
エゴビルディング　204
エス　31, 32
エンカウンター・グループ　45
演示の仕方　214
演者　200
オペラント行動　50
オペラント条件づけ　50
親子の心理劇　123

か行

解決なき恐怖　77
外向　40
介護離職ゼロ　107
解釈　36
快楽原則　32
学童期　87
かけがいのない私　222
家族の問題・課題　206
カタルシス　196
学校保健　17
空の巣症候群　103
観技　212
観客　177, 200
関係学　56
関係状況療法　56, 57, 62
関係責任の遂行　13
関係的存在　10, 73
関係論　56
観察学習　52
監督　176, 187, 200
絆　74, 75
気分障害　184

気分障害の治療　185
基本的信頼関係　73
基本的な社会化　82
逆転移　37
キャリア　98
キャリア教育／キャリア構築　98
共感的理解　44
勤勉対劣等感　87
緊密な共同性　72
空間性　215
グループダイナミクス　8
グレート・マザー　39
傾聴　217
　―積極的傾聴／能動的傾聴　217
傾聴スキル　217
系統的脱感作法　50
劇化　177, 179
元型　39, 40
健康づくり活動アプローチ　19
言語自己感　81
現実原則　32
原始反射　73
現象学的自己理論　30
幻想／脱幻想　61
行為法　175
攻撃性　90
行動分析学　50
行動変容　47
行動療法　47, 48, 52
更年期　104
広汎性発達障害　155
高齢化社会　106
高齢期　105
高齢社会　106
高齢者の定義　105
五月病　96
心の健康問題により休業した労働者の職
　　場復帰支援の手引き　167
個人的無意識　38
個性化　38
個体化の確立　35
ごっこ遊び　85
古典的（レスポンデント）条件づけ　49

言葉の遅れ　111
コミュニケーション障害　186
コミュニケーションスキル不足　152
コンプレックス　39

さ行

サイコドラマ　8, 175
　―古典的サイコドラマ　176
サイコドラマ劇場　65
再接近期　35
産業保健　17
3歳児健診　116
三者関係　9, 61, 78, 119, 123, 128, 129
三者関係の展開　60
三者面談法　62
3人一組の心理的　203
シェアリング　177, 180
シェイピング法　52
支援つき試行錯誤　168
自我　31, 32, 38
　―超自我　31, 32
　―補助自我　177, 200, 204, 207
自己　38, 39
　―怒れる自己／無力な自己　195
自己一致　43
自己概念　98
自己カウセリング　222
自己確立　204
自己感　72
自己教示　52
自己肯定感　204
自己コントロール　87
自己実現　42
自己成長　102
自己治癒力　42
自己定位安定の技法　202
自己の安定　202
自己モニター　195
自己理解の促進　187
自主性　83
思春期　88
疾病性　152
自動思考　54

児童擁護施設　125
支配観念　193
自発的な演者性　203
自発的な役割　202
自分会議　224
自分探し　96
自閉症　155
自閉スペクトラム症　166, 173
社会化　83
社会生活技能訓練　174
社会的発達　72
シャドウ　39
集合的無意識　38
周産期　16
集団力学　8
終末期医療　108
主役　177
浄化　196
生涯発達　15
状況関係認知　212
情緒的対象恒常性の確立　35
情動状態の共有　80
衝動的リズム運動　73
職場復帰支援プログラム　167
職場不適応　152
自律性　82
事例性　152
新学習指導要領　91
新生児期　72
診断即治療活動　63
親密性　102
心理劇　65
　―仮説性の心理劇／具体性の心理劇
　　206, 208
心理劇的遊び　122, 123
心理劇の5つの役割　66
親和感　201
親和的スキル　174
スキーマ　54
スクールカウンセラー　133
スクールカウンセリング　17
ストレス　226
ストレスコーピング　226

233

ストレス反応　226
ストレッサー　226
ストレンジ・シチュエーション法　75
正常な共生期　33
正常な自閉期　33
成人愛着面接　76
成人期　100
精神分析　30
精神分析的心理療養　35
青年期　95
世代間伝達　77
積極性対罪悪感　85
接在性　82
セルフケア　96
セルフコントロール技法　52
前意識　31
漸進性弛緩法　226, 228
相互同調活動　80
喪失の時期　107
想像遊び　85
想像性の障害　187
ソーシャルスキル　174, 186
ソシオメトリー　65
即興劇　93

た行

ターミナル・ケア　108
第一次反抗期　84
体験過程　45
胎児期　71
対人多様性の体験　91
対人的コミュニケーション　80
他者理解　99
脱幻想　61
ダブル　67, 179
多面的な関係認識　13
単独世帯　106
中核三条件　42, 43, 224
中核自己感　79
中国風水学　20
超高齢社会　106
超自我　31, 32
治療終結　37

治療的退行　36
抵抗　36
適応障害　184
適正な関係操作　13
テレ　65
転移　37
転移分析　36
電話相談　142
同一視の過程　87
道具的スキル　174
動作化　93
洞察　36
トークンエコノミー法　53
特別支援教育　154
独立の感覚　88
閉じこもり　107

な行

内向　40
内面性　214
二次障害　167, 184
二者関係　123, 127
乳児期　72
人間関係の意味　5
人間関係の捉え方　3
人間関係の発達　68
人間性心理学　23, 42
人間中心療法　45, 46
認知行動療法　30, 47, 53
認知療法　30, 47, 53

は行

パーソナリティ理論　41
パーソン・センタード・アプローチ　46
発達課題　20, 69, 82
発達障害　90, 116
発達障害者支援センター　155
発達段階　15, 69
発達の原理　69
場面設定　178
場面変化性　214
PM 理論　9
被虐待体験　157

人見知り　78
ファシリテーター　46
不安階層表　49
不安障害　184
夫婦関係　144
フォーカシング　45, 161
復職支援　166
復職支援プログラム　167
舞台　177, 200
不登校　121, 142, 146
分化期　34
分析心理学　30
分離・個体化期　34
ペルソナ　39
防衛分析　36
豊富な関係体験　13
母子分離不安　83
母子保健　16
補助自我　177, 200, 204, 207
母性剥奪　74
ポピュレーションアプローチ　19

ま行
マズローの5段階欲求階層　24
マターナル・デプリベーション　74
ミラー　67
ミラー技法　179, 195
無意識　31
　　―個人的無意識／集合的無意識　38
無条件の肯定的配慮　44
無条件の積極的関心　44
6つの条件　42
無力な自己　195
メンタルヘルス対策　102
物媒介人間関係発展の技法　201
モラトリアム人間　150

や行
役割遊び　85
役割演技　93

役割交換　179, 187
役割構成　200
役割交代　79
役割取得行為促進の技法　202
役割体験　86
役割モデル　157
優格観念　193
友人関係の希薄化　95
幼児期　82
幼児期後期　85
幼児期前期　82
幼児期前期から後期への転換期　84
陽性転移　37
抑うつ　88
　　―子どもの抑うつ　89
抑うつ症状　186
欲求の5段階説　23

ら行
来談者中心療法　42, 45
ライフイベント　97
ライフステージ　15, 22
力動性　214
リビドー　33
良心　85
リラックス法　50
臨床心理学の誕生　28
臨床動作法　226, 227
練習期　34
老賢人　39
老人保健　18
労働安全衛生法　102
労働意欲　101
老年期　105
ローリングテクニック　201
ロール　178
ロールクラスター技法　179
ロールプレイ　218
論語　21

著者紹介 (50音順)

田尻さやか (たじり　さやか) —————— 3章4節、5章1節-3
東京家政学院大学現代生活学部児童学科助教。

中村洋子 (なかむら　ようこ) —————— 3章5節、5章1節-2
元 東京家政学院大学現代生活学部非常勤講師。

羽田里加子 (はねだ　りかこ) —————— 3章6節、5章2節-1
カウンセラー、電話相談員。

柳瀬洋美 (やなせ　ひろみ) —————— 2章1節-2～3、3章9節、5章2節-2
東京家政学院大学現代生活学部児童学科准教授。臨床心理士。

横山太範 (よこやま　もとのり) —————— 4章
医療法人心劇会 さっぽろ駅前クリニック院長。精神科医、臨床心理士。

義永睦子 (よしなが　むつこ) —————— 3章1～2節
武蔵野大学教育学部児童教育学科教授。臨床心理士。

編著者執筆担当
吉川晴美 —————— 1章1節、2章1節-1・5・6、2章2節1～4、3章3節、5章1節-1
松井知子 —————— 1章2節、2章1節-4、2章2節-5～7、3章7節・8節、5章3節

編著者紹介

吉川晴美（よしかわ　はるみ）
東京福祉大学教授、東京家政学院大学名誉教授。臨床心理士。
お茶の水女子大学大学院修士課程修了。心身障害児総合医療療育センター心理士、お茶の水女子大学非常勤講師、群馬大学非常勤講師、東京家政学院大学・大学院教授を経て 2016 年より現職。
著書に『家庭支援の保育学』（共編著、建帛社、2010 年）、『人間関係』（共著、不昧堂出版、2010 年）、『共に育つ〈補訂版〉』（編著、宣協社、2015 年）など。

松井知子（まつい　ともこ）
杏林大学保健学部健康福祉学科教授。日本公衆衛生学会認定心理職専門家。
青山学院大学文学部教育学科心理学専攻卒業。杏林大学医学部衛生学公衆衛生学教室にて教育・研究に従事、杏林大学にて博士号（保健学）取得。東京都公立中学校スクールカウンセラーなどを経て 2014 年杏林大学保健学部准教授、2017 年より現職。
著書に『環境心理の諸相』（共著、八千代出版、2000 年）、『人間関係に活かすカウンセリング』（共著、福村出版、2001 年）、『人間関係がよくわかる心理学』（共著、福村出版、2008 年）など。

人間関係の理解と心理臨床
──家庭・園・学校・施設・職場の問題解決のために

2017 年 9 月 30 日　初版第 1 刷発行

編著者─────吉川晴美・松井知子
発行者─────古屋正博
発行所─────慶應義塾大学出版会株式会社
　　　　　　　〒 108-8346　東京都港区三田 2-19-30
　　　　　　　TEL〔編集部〕03-3451-0931
　　　　　　　　　〔営業部〕03-3451-3584 < ご注文 >
　　　　　　　　　〔　〃　〕03-3451-6926
　　　　　　　FAX〔営業部〕03-3451-3122
　　　　　　　振替 00190-8-155497
　　　　　　　http://www.keio-up.co.jp/
装　丁─────巖谷純介
装丁画─────梅田美代子「まろやかな会話」
印刷・製本──中央精版印刷株式会社
カバー印刷──株式会社太平印刷社

©2017 Harumi Yoshikawa, Tomoko Matsui, Rikako Haneda, Yoko Nakamura,
Sayaka Tajiri, Hiromi Yanase, Motonori Yokoyama, Mutsuko Yoshinaga
Printed in Japan　　ISBN 978-4-7664-2466-9